障害の重い仲間の働く，暮らすから見えてきたもの

いもの子 30 周年記念出版編集委員会　編

やどかり出版

はじめに

　1987(昭和62)年，どんなに障害が重くても不本意な在宅者を出さないと願う家族・関係者の切実な思いによって，川越の地を拠点に「川越いもの子作業所」として施設づくりが始まり，30年が経ちました．

　その30年間の「いもの子」づくり，それと連動する地域づくりの歩みとしっかり向き合い，関わってきた人々の熱い思いを書き綴り，伝え継ごうとこの本を出版することにしました．

　1979(昭和54)年，障害者の教育権保障の全国的な運動の結果，「養護学校義務制」が実現しました．まさに，障害者が「生きるとは，学ぶこと」，生存権と学習権・平等権を勝ち取ったのです．しかし，その後の養護学校卒業後の進路保障では，とりわけ，重度・重複障害児者にとっての生存権，労働権・平等権実現の壁は厚く，卒業後，在宅を余儀なくされていました．

　そんな中，生まれ育ったこの街で「暮らしたい」「働きたい」と願う障害児者本人，家族，教職員関係者が「障害者の生活と権利を守る川越市民の会」と手を携え，仲間6人，職員2人で無認可の共同作業所「川越いもの子作業所」を立ち上げました．

　1981(昭和56)年に「完全参加と平等」を旗印に，国際障害者年がスタートし，人権・平等の理念が世界に発信されました．その後，措置制度が終わり，障害者自立支援法，障害者基本法の改正，障害

者総合支援法，障害者権利条約の批准，障害者差別解消法等々，障害者福祉を取り巻く情勢は早いテンポで変化していきました．そんな中で，私たちは一貫して川越にしっかり根を張り，「川越市に不本意な一人ぼっちの障害者を出さない」「障害者も社会人として働き，成長発達できる社会をめざす」「地域の障害者センター的な拠点づくりをめざす」ことを設立の理念としたのです．そして，施設づくりは単なる「箱づくり」ではなく，実践づくりの場であり，それを支える運動の拠点として障害のある仲間たち一人ひとりの健やかな成長と豊かな発達を保障する活動を続けてきています．

　この間，多くの市民の協力を得て1991（平成3）年3月2日，「社会福祉法人皆の郷」が生まれました．現在は，暮らしの場として障害者支援施設を初めグループホーム7か所，働く場として多機能型障害福祉サービス事業所3か所，A型事業所1か所，生活の支えとして障害者相談支援センターと障害者地域生活支援センターを運営しています．そして，「いもの子」を利用している仲間たちは230人，生活支援員を初めとする職員は300人になりました（2017年1月1日現在）．

　この度，本書の出版に際して，施設長や各分野の中堅職員で編集委員会を組織し，やどかり出版編集部も加わって，定期的に編集会議を開催しました．本書作成にあたっては皆の郷をささえる会を初め，多くの人たちが関わり，その中から職員・仲間・家族で中心的な役割を担ってきた人たちが執筆しました．

　編集会議で本の構成，完成までの日程等を計画し，それぞれの執筆者が「親としての思い」「私たちの願い」「実践の主体者として仲間と共感してきた人生を書かねば」「次の世代にいっぱい伝えたい」等，意気揚々とスタートしました．しかし，書き始めると「いもの子」の歩みの重さに筆が走らず悩む日々……諸活動に追われ執筆がつい後回しになる，情勢の変化等々で当初予定した内容の変更，原稿の差し替え，いろいろな事態が重なりました．その結果，刊行予

定を何度か延長してきました.

　それでも,「熱い思いは不滅だ」「折角ここまで来たのだからやり遂げなければ」「次世代にきちんと伝えなければ」と決意を新たに,執筆のための「特別課業日」を設け,在宅での執筆活動を行うなど,最後の追い上げで何とか書き上げ,当初より大幅に遅れたものの,「いもの子」の実践を世の光に当てることができました.

　出版に際し,法人の理事でもあり,実践検討会の研究協力者・アドバイザーとして長年「いもの子」の実践・運動の理論的支柱である西村章次先生(埼玉大学名誉教授)やいもの子作業所の創設にあたり,先駆的な経験に基づくアドバイスや,困難な時代に川越市民の会共々強力な援助をしていただいた藤井克徳さん(きょうされん専務理事)が温かなエールを送ってくださいました.

　本書の特徴は,それぞれの執筆者が自らの人生史を振り返り,障害者福祉に正面から向き合い,障害のある仲間たちを主人公に「川越ここが私の街」とともに胸を張って言える施設づくり・地域づくりの実践と運動をしようと迷い,もがきながら書き綴っているところにあります.

　「いもの子」が常に求め,創り続けているどんなに障害が重くても,この街で働き・暮らす「彼らが主人公」の作業所づくりの出発を綴った序章.第1章では,開設前夜から創成期,そして黎明期へと,活動を支える理念とその形成プロセス,「いもの子」がつくり上げてきた「財産」を地域のものとしてさらに多くの人たちとともに輝かしい次の時代へ築き上げていこうと発信しています.第2章では,障害のある息子とともに歩んだ30年の歴史,「いもの子」のつくり運動で出会った人々との出会い,制度の壁と対峙した軌跡を親からの目線で訴えています.第3章では,まさに地域に根ざした「いもの子」の実践について,働く現場,暮らしの場,生活を支える事業,相談支援事業,重症心身障害者への支援について,それぞれの担当職員が自らの気づきも含めて,実践を語りました.第4章では,と

りわけ重い障害のある仲間たちが登場し，その生き生きとした暮らしぶり，仕事ぶりを話しています．また，家族が先輩家族にインタビューしながら，家族の思い，肉声を伝えます．そして，職員も自らの成長に注目しながら，実践を語りました．

　清水寛先生(埼玉大学名誉教授)は，「教育実践は，輸入も輸出もできない」「実践は，自らつくり出すものなのだ」と話されていました．教育につながる福祉に置き換えても同じです．

　1963(昭和38)年重症心身障害者施設びわ湖学園を創立した糸賀一男氏が『福祉の思想』(NHK出版，1968)で「実践の中から生み出された考察が，地域社会の人びととの関わりの中で声となり力となり，それは施策や政策を揺り動かすものとなる．施設社会事業は，現実の社会の欠陥を補完しようとする実践的な努力の中から，新しい社会を生み出すものである」と記されています．先駆的実践者の示唆に学び，「いもの子づくり」の実践・運動に関わってきた職員集団の思いを重ね合わせ，そして，誰のために，何のためにを常に検証しながら「『見つめる・見極める』これまでの歩み，『創る』これからの未来」という視点で，全国の実践，運動とも向き合い，学び合いを進めながらさらに書き継ぎ，伝え継ぐ「いもの子」としていきたいと思います．今回の刊行がその節目になればと思っています．

　最後に本書『川越ここが私の街　障害の重い仲間の働く，暮らすから見えてきたもの』を刊行できたのは，長きに渡って編集に携わり，私たちを導いていただいたやどかり出版代表増田一世氏を初め，同渡邉昌浩氏，石井みゆき氏の並々ならぬやさしくも厳しい叱咤激励で支えていただいたお蔭です．友情と連帯の絆を強く抱き，いっぱいの感謝の気持ちを込め御礼申し上げます．ほんとうにありがとうございます．

（金澤　昌敏）

目　次

はじめに　　金澤　昌敏 ……………………………………… 3

川越いもの子作業所創設 30 周年に寄せて　　藤井　克徳 …… 14

序章　働いているんだうれしいよ　　大畠　宗宏 ………… 17

第1章　「いもの子」の活動理念と形成プロセス　　大畠　宗宏 … 27
　1. 川越の作業所づくり運動の起こり
　　「いがぐり坊や」が「いも太郎に」 ………………………… 29
　　1）障害は保障されることに気づく ……………………… 29
　　2）障害のある人たちに一生関わる決意 ………………… 30
　　3）在宅を余儀なくされた人たち ………………………… 31
　　4）私たちのめざすもの ………………………………… 32
　　5）川越いもの子作業所の誕生 ………………………… 33
　2. 働く中でたくましく ……………………………………… 34
　　1）実践の担い手は職員 ………………………………… 34
　　2）仲間の要求に沿って仕事をつくる ………………… 35
　　3）人に仕事を合わせる　民さんが缶を集める ……… 36
　　4）この街で働く　詠司さんが生まれた街で ………… 39
　　5）自分が主人公になれる仕事 ………………………… 40
　　6）無認可作業所から授産施設をめざす ……………… 42
　　7）認可施設づくり …………………………………… 43
　3.「働く仲間が主人公」を実践
　　家から一歩出たら社会人 …………………………… 45
　　1）仲間の移動を支える送迎 ………………………… 45

2）仲間の姿から実践をつくる　………………………　46
　　3）せんべいを語り　仲間を語る　………………………　47
　4．みんなでつくる将来構想　………………………………　48
　　1）この街で働き続ける権利を守るために　…………　48
　　2）青い屋根のほくほくハウス　………………………　49
　　3）女子の第2ほくほくハウス　………………………　51
　　4）多様なニーズをもった人たちとの出会い　…………　53
　　5）障害者地域生活支援センターのびらかの出発　………　55
　5．運動で入所施設をつくる　「君らしく僕らしく」　………　56
　　1）障害の重い仲間たちの暮らし　………………………　56
　　2）障害のある人の施設を地域の財産に　………………　57
　6．重度の仲間たちの働く場，暮らしの場を支えてきたもの　59
　　1）皆の郷をささえる会（旧名：川越いもの子作業所を
　　　ささえる会）　………………………………………　59
　　2）将来構想委員会　………………………………………　60
　　3）障害者の生活と権利を守る川越市民の会　…………　62
　　4）川越いもの子作業所実践検討会　……………………　63
　　5）川越市障害者福祉施設連絡協議会　…………………　64
　　6）川越市青年学級の取り組み　…………………………　65
　　7）実践・事業・運動そして理念・要求・将来構想　………　66
　7．最後に　みんなのねがい
　　　それは突然やってきた　「障害者自立支援法違憲訴訟」　…　67
　　1）障害者自立支援法で音を立てて崩されたもの　………　67
　　2）原告として堂々と連帯し闘った人たち　………………　71

第2章　「いもの子」の「つくり運動」の軌跡
　　　障害のある息子とともに30年　　町田　初枝　……　75
はじめに　………………………………………………………　77
　1．私の歩み　…………………………………………………　78
　　1）貧しいけれど豊かな子ども時代　……………………　78

2）子育て ……………………………………………… 79

3）就学運動へ ………………………………………… 80

4）児童施設ところざわ学園入所に ……………… 80

2．いもの子作業所づくりへの道 ………………………… 82

1）障害者の生活と権利を守る川越市民の会へ ………… 82

2）障害児をもつ母の会　いもの子作業所をつくる会へ … 83

3）突然の開所に向けて ……………………………… 85

4）「つくる会」から「ささえる会」へ ……………… 86

5）たびたび勃発する反対運動 ……………………… 87

6）3千円1万人運動から2万人運動へ ……………… 89

7）請願運動を ………………………………………… 90

おわりに ……………………………………………… 91

第3章　地域に根ざした「いもの子」の実践 …………… 93

Ⅰ．「働く」　障害の重い人から働く場を　　小倉　崇 … 95

1．「働く」を自分のものに ……………………………… 95

1）3年間のアルバイト経験 ………………………… 95

2）乾いた職場の中でできた友だち ………………… 96

3）仲間意識が芽生えていく ………………………… 97

4）人の人生に寄り添える仕事がしたい …………… 98

2．働きたい！　障害のある人にとっての働くことの意味 …… 99

3．仕事に人を合わせるのではなく，人に仕事を合わせる

　　働く場の環境整備についての考え方と実践 ………… 101

1）「どうしたら」の積み重ね ……………………… 101

2）「見通し」を大事に ……………………………… 103

3）道具や工程を工夫する …………………………… 105

4）心が引っ張られるような「道具」を …………… 106

5）役割の中で ………………………………………… 111

4．私の仕事があなたにつながる

　　集団の中での育ち合い …………………………… 114

1）バラバラだけどつながっている　………………… 114

　　2）私の仕事があなたとつながっている　……………… 116

　5．その人の「働きかける」を地域とつなぐ

　　　障害のある人の働くと地域との関係　…………… 117

　6．所得保障について考える　…………………………… 124

　　1）障害者の所得保障と新たな就労施策　…………… 124

　　2）人間らしく生きるために　………………………… 128

　　3）表現活動について　………………………………… 129

　　4）高い工賃保障をめざす　…………………………… 130

　7．働いているんだうれしいよ　………………………… 131

Ⅱ．暮らす　　大場　博美　杉田　俊治　大畠　宗宏　………… 134

　1．グループホームの広がり　…………………………… 134

　2．障害の重い人が安心して暮らすことのできる場所を

　　　めざして　………………………………………… 136

　　1）入所施設の起こり　………………………………… 136

　　2）人が住む建物へのこだわり　……………………… 136

　　3）入所施設での生活　………………………………… 138

　　4）各ユニットの様子について………………………… 140

　3．暮らしの場の課題…………………………………… 141

　　1）深刻な居住の場の不足　…………………………… 141

　　2）余暇の充実　………………………………………… 142

　　3）夜間体制の脆弱さ　………………………………… 142

　　4）土日運営についての矛盾　………………………… 143

　4．入所支援の必要性を考える

　　　グループホームから入所施設へ移った谷川さん　………… 143

Ⅲ．生活を支える事業　　中村　良子　……………………… 147

　1．いもの子作業所との出会い　………………………… 147

　2．人間の発達の可能性を学ぶ　………………………… 147

3．川越で暮らし続けるための支援拠点　　……………………　148
　　4．のびらかの事業開始　　………………………　149
　　5．「何でもあり」ののびらかの支援　　………………　150
　　6．余暇支援の充実　　………………………　152
　　7．ヘルパーの仕事から見えてきたこと　　………………　152
　　8．ともに歩くヘルパーとして　　………………………　154

Ⅳ．本人に寄り添う相談支援　　山田　英紀　　…………………　155
　　1．障害福祉との出会い、「いもの子」との出会い　　…………　155
　　2．相談支援事業「のびらか」の出発　　………………　156
　　3．相談支援の基礎を築いた関わり　　………………　159
　　　1）各機関がつながって支える　　…………………　159
　　　2）長期入院を余儀なくされたBさんの新たな暮らしづくり　　…　161
　　　3）生活困窮に陥ったCさんの生活全体を支えた関わり　　…　162
　　4．本人を大切にする相談支援　　………………………　164

Ⅴ．重症心身障害者と「いもの子」の歩み　　大畠　宗宏　167
　　1．養護学校の歴史と重症心身障害のある人たち　　…………　167
　　　1）川越の障害児教育の歴史　　………………………　167
　　　2）川越市民の会と「たんぽぽ」と「紙ふうせん」　　…………　168
　　　3）「いもの子」の起こり　　………………………　169
　　　4）「笑顔の日々」東田町へ移転してからの取り組み　　………　170
　　2．笠幡の川越いもの子作業所の取り組み　　……………　173
　　　1）重い障害のある人たちには機械整備が必要　　…………　173
　　　2）広い場所が必要となる　　………………………　174
　　3．第2川越いもの子作業所「通園部」の誕生　　………………　175
　　おわりに　　………………………　177

第4章　生き生きと生きる仲間・家族・職員 ……………… 179

I.「いもの子」の『元気』の素 ……………… 181

インタビュー　重度の障害のある仲間たち

「いもの子」とともに30年　　上野　貴史さん ……………… 181

　　聞き手　武藤　寛史

多くの人との出会いを楽しんで　　佐藤　祐一さん ……… 184

　　聞き手　武藤　寛史

仕事を通し，仲間とともに成長する　　有坂紀代子さん … 187

　　聞き手　佐々木弥生

僕の生きている証　　毛塚　隼人さん ……………………… 190

　　聞き手　佐々木　良

II. 親たちの思いが「いもの子」をつくった ……………… 195

青木さんご夫妻のお話を聞いて

「いもの子」の活動は私たちのライフワーク ……………… 195

　　聞き手　小林　規子

鹿島　糸子さん（ささえる会会長15年）のお話を聞いて

資金集めは障害者を世間に知らせる発信源 ……………… 200

　　聞き手　蟻塚　芳美

先輩方から引き継ぐものは　当事者としての自覚 ………… 205

　　内藤　佳子

III. 仲間や親たちから学び成長してきた職員　　湯浅　俊二

人生の主人公として生きることを支える ………………… 209

　1. 福祉をめざし，「いもの子」に出会い『石の上にも3年……』 209

　2. 仕事に自信　でも仲間を主人公にできなかった ………… 210

　3. 心機一転，「まだ若いんだから，やり直すぞ！」 ………… 213

　4. どんなときも，仲間が主人公 …………………………… 215

　5. 学んだこと，伝えたいこと，新たなスタート ………… 219

　　1）社会の理不尽さに立ち向かう ……………………… 219

2）民主的に進める　………………………………………　219

　　3）国民的な運動を　………………………………………　220

　　4）仲間が自分の人生の主人公になる　……………………　221

　おわりに　…………………………………………………………　222

終章　仲間たちが教えてくれたこと　　西村　章次　…………　223

　道具は文化　………………………………………………………　225

　障害児保育から作業所づくりへ　……………………………　226

　おとなになるということは　……………………………………　227

　労働の拡大　………………………………………………………　227

　「ジュース買おうよ」　……………………………………………　228

　生きるとは　………………………………………………………　229

　行動障害　…………………………………………………………　230

　集団に加え，異性，世代間のつながり，

　そして愛する気持ちを　………………………………………　230

　お母さんへ　………………………………………………………　231

　結婚を夢に，恋心を抱く彼ら　………………………………　232

　社会に心を向ける　………………………………………………　232

　国会へ　……………………………………………………………　233

　夢と愛を語り，アメリカや中国の人たちと対等に関わり，

　そして世界に心を　……………………………………………　234

資料　「いもの子」年表＜1986（昭和61）年～2017（平成29）年＞　　236

結び　　大平　義次　………………………………………………　242

表紙デザイン　石井　知之

川越いもの子作業所創設 30 周年に寄せて

　川越いもの子作業所の 30 周年記念誌発行，おめでとうございます．無認可共同作業所の開設時から関わって来られたみなさん，途中から関わられたみなさん，そして現在の利用者やご家族，職員，評議員，理事等のみなさんに心より祝福の拍手を送ります．同時に，開設当初からその経緯を知っている私にとっては，遠くない親戚の祝事のような感じで，とてもうれしく思います．

　1991（平成 3）年の社会福祉法人の取得という大きな節目を挟みながらのこの 30 年間，ふりかかったピンチは二度や三度ではなかったように思います．ピンチを乗り越えることができたのは，携わっているみなさんの「いもの子を何としても守り抜こう」とする熱い気持ちがあったからに他なりません．合わせて，一貫して献身的な支援を惜しまなかった埼玉県や川越市当局，関係機関，多くの障害分野や人権関連などの団体，そして何よりも地域住民のみなさんの長きにわたる声援にも心から敬意を表します．

　「いもの子」を母体とした社会福祉法人皆の郷の事業や活動には，大切な考え方が込められてきたように思います．一つ，障害の重い人にとっての現実的な働く場，社会参加の場になること．二つ，利用者と家族，職員が一体となりながら，障害のある人が住みやすい地域づくりの拠点になること．三つ，地域や埼玉，そして全国の関係者と繋がりながら，障害のある人の人権を守る運動を創っていくこと．いずれも"言うは易く，行なうは難し"です．まだまだ道半ばかもしれませんが，それでもこれらのテーマに向かって一歩一歩

確実な歩みを続けているというのが私の印象です．利用者のみなさんも，職員のみなさんも大いに自信を持ってもらっていいのではないでしょうか．

　ここで，少しばかり「いもの子」が置かれている現状をみていきましょう．相矛盾する二つの動きが渦巻いているように思います．一つは，障害分野を含む社会福祉施策の大きな後ずさりです．「応益負担制度」を主軸とした障害者自立支援法はその典型で，後ずさりはむしろ加速しています．もう一つは，私たちを励ましてくれる動きです．それは，遠く国連で産声を上げた障害者権利条約です．今私たちが取るべき道は，この権利条約を最大限に活用することです．永きにわたり平和と人権を守ってくれている日本国憲法と一体的に活かすことで，その力はより増幅するでしょう．これに，「いもの子魂」を重ねれば，それこそ鬼に金棒です．こんなことを書いているうちに，川越方面から，ワイワイと元気な声や足音が聞こえてきそうです．

　どうぞ，これからも「いもの子らしさ」を守り続け，さらに磨きをかけてほしいと思います．「いもの子に行けば何とかなる」「皆の郷関連事業所には仲間がいる」，この先もずっと，地域の障害のある人たちや家族のみなさんからそう思ってもらえるような存在であってほしいと思います．簡単ではありますが，川越いもの子作業所 30 年の歩みに寄せての万感を込めてのお祝いのメッセージとします．

2017 年 2 月

　　　　　　藤井　克徳（きょうされん専務理事）

序章
働いているんだうれしいよ

「いもの子のうた」

おてんとさんが　のぼったら
今日もしごとがはじまるさ
おいらも　はたらく　いもの子作業所
ヤレヤレソレソレエーイオー

みんなで作った看板

序章　働いているんだうれしいよ　19

1987（昭和62）年，4月埼玉県川越市の下松原に川越いもの子作業所が開設されました．「いもの子」は2人の職員（大畠宗宏・松川修）と障害のある仲間たち柳沢民さん・田中正幸さん・西川郁代さん・細渕貴子さん・上條明美さん・阪千鶴子さんから始まりました．

熊谷養護学校（寄宿舎のある肢体障害児の学校，現，熊谷特別支援学校）を卒業して，そのまま2年間在宅で過ごし，行き場のなかった西川郁代さんと田中正幸さん，この年に卒業してきた細渕貴子さん．そして，日高養護学校（日高市にある肢体障害児の学校，現，日高特別支援学校）を卒業したばかりの上條明美さん．上條さんは座位がとれず車椅子か仰向けの姿勢で生活しており，食事や排せつ，そして会話も含め全介助の人でした．川越養護学校（知的障害児の学校，現，川越特別支援学校）をその年に卒業した柳沢民さん．民さんは，思春期で，情緒も不安定．重度の知的発達障害の人です．加えて，県内の身体障害者授産施設に10年間入所していて，40歳で生まれ育った川越に戻ってきた，上肢麻痺で食事介助が必要な阪千鶴子さんです．養護学校卒業後，どこも行き場がなかった細渕さん，上條さん，柳沢さんの3人と，在宅だった西川さん，田中さんの2人．入所施設から退所した阪さんの6人からの出発でした．職員も成人期の作業所の経験のある人はいませんでした．仕事も道具もない，経験もないそんな始まりでした．

それでも作業所は，その時集まった仲間たちの要求に沿ってスタートしました．重度身体障害で企業就労を求める人，重度知的障害者のための働く場の開拓が必要な人，肢体重複障害者の通所施設を求める人．生まれ育った地域に生きたいと願い，生きがい（自分は何のために生まれたか）を求める人，そんな人たちの集まりでした．当時の日本の障害者問題が凝縮されている作業所の出発でした．

当時お借りした建物は，平屋で，洗面所と15坪ほどのフローリングの部屋，南に長いベランダ，そしてトイレがありました．周りは武蔵野の林に囲まれていて，間伐された木がたくさんあったことから7～8cmの太さの枝を10cmの高さに切り，表面にドリルで7

個の穴を開け，鉛筆立てを作ったのが，木工作業の始まりです．上肢に麻痺のある田中さんが，片手を使って鋸を挽き，職員がその木を動かないようにしっかり押さえて木片を作っていました．穴を開けるのも凸の形をした手動のドリルを購入して，利用者と職員で不安定な木を押さえ，ドリルを傾かないように回していました．とても時間のかかる作業でした．初めの年は，鉛筆立てを作りストックしていきました．一度だけ盲学校のお祭りで売りました．お母さんたちが売るせんべいの横に鉛筆立てが並べられ，初めての「いもの子」の製品だったのでよく売れました．

「働いているんだうれしいよ」

おはよー　朝だ仕事だ　んーいい気持ち
働いているんだ　うれしいよ
胸のあたりで　ずんずん音がして
涙が出るよ　ことばにならない

こんにちは　どーもありがとう　おー元気かい
いつもの顔が　窓からみえると
胸のあたりで　ほくほく音がして
思わず駆け出す
仲間がいるぞ

　養護学校を卒業した民さんは，集団の中に入ることができず，ベランダ越しに中の様子を見ていたり，外で水遊びや，外の滑り台の上に座っていました．中で木工作業をしている人たちは，話し言葉や書き言葉でコミュニケーションを取る人たちで，民さんはその様子をベランダ越しに見ながら，窓をドンドン叩いたり，ベランダに置いてある木切れを床がきれいに見えるまで，外に投げ出していました．職員が中に入るように誘うと，「やだー」と言って自分の腕

を噛んだりしていました．こちらが木工作業に誘うと，よく外の足洗い場で水遊びをしていました．木工に誘うことを止めて，彼女といっしょに靴を洗うことにしました．民さんは水遊びの時，水道を出しながら，靴に水を入れたり出したり何度も繰り返して，次は靴の裏に水を当て，だんだん泥が落ちて，靴底が白く見えてくるのをながめています．そして，靴で水を回りに撒くことをまた何度も繰り返すのです．その民さんにたわしを渡すとニコニコして靴を洗っていきます．表面を洗い裏底を洗い，そして洗剤を入れて中を洗います．最後は靴を干して終わりですが，「やったー」と2人で喜んでいました．

　職員と作業中に，「ごはん食べた？」「食べたのー」「ごはんだった，パンだった」「パンだったのー」などと会話が生まれ，「仕事頑張ろー」や「終わった」など，共感することが増えました．「○○だ，○○だ，いっしょに○○やろう」と民さんの力を存分に発揮できるようになりました．

　しかし，昼休みになってみんなで昼食をとろうと誘うと，「やだー」と言って中へ入ることはできず，みんなと別のテーブルで食べていました．靴洗いは，お母さんたちや職員に靴を持ってきてもらって，仕事は続きました．

　「靴のクリーニング屋さん」になろうかと夢を描きました．11月も半ばを過ぎると森も色づき，靴を洗っている足洗い場にも，枯葉が落ちるようになってきました．気温が下がり，外での水作業は難しくなりました．

　そして，もらったリヤカーで民さんと私の2人で廃品回収に出かけることにしました．最初は新聞と段ボールを集めていたのですが，いっしょに缶も集めるようになりました．「缶食い虫」という缶を1個1個潰す缶プレス機を寄付でいただいたからです．自動販売機めぐりをし，溜まった缶をリヤカーにガラガラ移します．笑顔満面になります．この仕事は，運搬，移動，受け渡し，積む作業と民さんの得意な工程が充実しています．自動販売機を置いているお店の

人に「おはよー」とあいさつして，缶の入っている箱をリヤカーまで運び，ガラガラと移して箱をもとに戻します．お店の人に「ありがとう，えらいね」と言われると「どーも」ととても喜んでいました．自動販売機の隣には，空き缶を入れる箱と瓶を入れる箱の2種類があるのですが，民さんは瓶の箱を持ってきた時に，「これではない」と一瞬考えて，空き缶の箱に変えて持ってきたことがあります．「この箱でなく，こっちだ」という選択を，彼女はしっかりできるようになりました．

　「〇〇だ〇〇だ，いっしょに〇〇やろう」という力を存分に発揮しながら，「〇〇でなく〇〇だ」と自己選択の力を発揮するようになりました．職員も彼女の新しい力を知って，働く中で彼女の力が拡大していきました．そして人間関係にも変化が生まれたのです．彼女はお店の人に「おはよー」と声を掛けるようになり，回収から帰ってくると「ただいまー」と言い，中で働いている仲間たちから「すごいね」「たくさん集まったね」「お疲れ様」と声を掛けられるようになりました．仲間の中に入ることを躊躇していた民さんが，リヤカー仕事を終え，リヤカーにいっぱいになった缶を見せることでまた仲間同士の関係が生まれていったのです．同じテーブルを囲んで，みんなとご飯が食べられるようになってきました．

　また，回収のトラックに自分たちが回収してきた紙や缶を積み上げていくことの喜びを共有し，初めて民さんの労働がお金になったことをみんなで喜びました．

「僕の仕事は廃品回収」

僕の仕事は廃品回収
街をきれいにしてるんだー
いろんな人と出会い　友達たくさんできました
街をきれいにしてるんだー

ある日仕事が終わって家に帰ると
そこには誰もいなくて
街へ飛び出したんだ
トコトコトコトコどこに行こうかなー

　開所2年目（1988年）から，市の建物を借りて川越市東田町に移りました．森の中から街の中心に出ていったのです．大きなガスタンクがそびえる所です．
　木工作業の製品は，鉛筆立てにメモを貼る木工ボードが加わりました．注文も増えてきて，作れば売れていきました．名前を入れることのできる焼き印機を購入し，卓上の糸のこ盤を購入しました．
　肢体重複の障害のある人が2人増え，リサイクルの一環で電気製品のパネル部分のプラスチックに貼ってあるテープの皮むきの仕事をするようになりました．午前中働いて，午後はゆっくり過ごすのが1日の日課でした．
　廃品回収にも新しい仲間が加わりました．民さんの1年後輩の町田詠司さんです．民さんと詠司さんと職員の3人で蔵造りの街並みの周りを雨が降っても毎日回収しました．お店の多い川越の街ですから，一度出かけると，段ボールと缶をリヤカーいっぱいに積んで帰ってきました．いろいろな回収ルートが生まれ，顔見知りも増え，道もよく覚えました．いろいろな抜け道や袋小路も知りました．午後は，缶プレスの作業と段ボールや紙の整理をしました．民さんも詠司さんも職員がいっしょにいて作業ができる人たちでしたが，職員がいなくても2人だけで，「缶食い虫」の口を開ける人と缶を投げ込む人に分かれて作業できていたのにも驚かされました．
　また，ある日詠司さんが作業所から帰宅すると，家に誰もいませんでした．詠司さんの家は蔵の街の中にあり，彼は街の中を1人で歩き，段ボールを回収している作業着屋さんのおばさんの店まで行って，「ダッダー」と声を掛けました．店のおばさんはいつも回

収に来る詠司さんが1人でいるのに驚き，パンと牛乳を渡し，作業所に電話を入れてくれたので，職員がすぐ迎えに行きました．障害の重い彼が，仕事を通して街の人と関わることによって，不測の出来事が解決できる関係が生まれていることがわかりました．障害が重くても街の中で働く大切さが見えてきました．

「君の夢，君の思い」

聞かせてよ君の夢　君の思い　君の声
語ってよ君の夢　君自身の思い
ほこりまみれの靴を履いて　閉ざされたドアを開けば
タンポポの花が　綿帽子になって
みんなのところへ広がってゆくよ

　「いもの子」は6人の仲間から始まりました．作業所を始める時，在宅になっている障害のある人を探しました．たくさんの人が在宅のまま家にいました．
　現在でも，働くことを知らずに日々過ごしている人も多くいると思います．「いもの子」は，「仕事に彼らを合わせるのではなく，彼らに仕事を合わせていく」ことから始まり，「彼らの願いや思いを仕事にしていく」，この取り組みの原点をこの時代に知りました．今でも紆余曲折はあるものの，仲間の願いが仕事になっているか，そして職員はそれを共感する関係をつくれているのかどうかが実践の基本になっています．
　仕事の主人公になることで，みんなの中に入れるようになった民さん．街中で仕事をし，街とともにたくましくなっていく詠司さん．プラスチックの皮を職員といっしょにむけた時，大きく口を開けて満面に笑顔を浮かべた上條さん，養護学校を卒業して，成人期の障害のある人間として常に挑戦を余儀なくされつつも，正面でぶつかっていった西川さん，田中さん，細渕さん．そして，40歳で

入所施設から川越に戻ってきた阪さんにとっては，作業所は常に食事の介助を受けたり，単身生活を支える場所でした．「君の夢，君の思い」が詰まった，まさに「彼らが主人公」の作業所づくりの出発でした．

（大畠　宗宏）

注：本書では社会福祉法人皆の郷の事業全体のことを示す場合には「いもの子」と表現することにします．長年，仲間，家族，職員も街の人たちも慣れ親しんだ呼称だからです．

第1章
「いもの子」の活動理念と形成プロセス

無認可時代

川越いもの子作業所
竣工式

川越いもの子作業所外観

民さん外作業

1. 川越の作業所づくり運動の起こり
「いがぐり坊や」が「いも太郎」に

1）障害は保障されることに気づく

　私は，長崎県の対馬で生まれました．目があまり見えず視神経委縮と眼球振倒があり，小学校に上がる前の就学検診では，盲学校を勧められました．盲学校は九州本土の長崎にしかなく，父は盲学校に行かせることを嫌がりました．

　小学校の高学年になると，男の子のスポーツや遊びはソフトボールが主流になってきます．私は，「見えないから参加しない」とは言えず，いつも重い気持ちでソフトボールに参加していました．ベースランニングの練習で，走りながらベースを見て踏んで走るのですが，よく見えず踏まずに1塁ベースを通り抜けた時は，コーチの先生に怒られ，ケツバットをされました．その痛み以上に，みんなについていけない自分を重い気持ちで見つめていたのをよく覚えています．守備はライトを守るのですが，ゴロはまだ耳で方向が確認できるのですが，フライは，ボールが左に上がっても，右のほうに追いかけて，みんなによく笑われていました．

　教室では，小学校から高校までほとんど最前列の席で過ごしましたが，授業中，黒板の字がはっきり見えたことはなく，理解して勉強ができた経験もほとんどありませんでした．いつも中途半端な理解だったと思います．

　埼玉県の川越にある東京国際大学に入学し，大学時代にボランティアで盲学校を見学した時，少人数の黒板がよく見える教室と日本地図がとても肉感的で，目からうろこの落ちる思いがしました．それまで「どうにか授業についていかなければ，理解しなければ」と半ば焦っていた思いから「障害は保障されること」「障害に配慮し，生徒に教科，教材を合わせること」の素晴らしさを初めて知りました．それから，少しずつ自分に自信がもてるようになったと思

います．大学時代は，ローターアクトクラブ（国際的な社会奉仕団体が組織する18歳から30歳までのグループ）を経て，友だちと学内に障害児問題研究会をつくり，重症心身障害児と遊ぶ会を開催したり，ボランティア活動に参加していました．障害者水泳会，遊ぶ会，盲学校のギターサークル，障害者雪んこ祭り（障害者の生活と権利を守る埼玉県民連絡会主催）等々，また，埼玉県での障害者支援の活動をすでに始めていた川口太陽の家の無認可時代に「海に行こう」という合宿にも参加しました．

2）障害のある人たちに一生関わる決意

　大学時代のボランティア活動で，40歳になって生まれて初めて泳ぐ人，初めて親と離れて旅行をする肢体障害の小3の男の子，生まれて初めての銀世界や海に出会う人たちと関わったのです．障害のある人たちの「初めて」や「自己実現」に関わることができ，とても達成感と喜びのある学生時代でした．ある時，スキー旅行で泊まった宿の中で，重い肢体障害の2人の男性が，言い争っているのに心をかき乱されました．2人とも座位をとることができず，車椅子に寝ているか，床に寝ているかの人でした．そして，2人とも高齢の親に介護されていました．Aさんは，寝返りが打てず，就寝時30分おきに，体位を変える必要がありました．そのAさんに，Bさんが寝たきりのままで，「Aよ，おまえはいつも親に甘えて寝返りとかいろんなことをしてもらっているから，親が嫌になってお前を入所施設に入れようとしてんだ」と言いました．Bさんは，親を疲れさせないために，なるべく用を頼まないようにしていると言うのです．「そんなことないよ」とAさんが苦しそうに言います．そんな苦しそうな2人の会話に，障害のある人が，介護者の負担を気にしながら生活していることを知るとともに，やり場のない感情が生まれました．障害のある人同士が，いかに親に迷惑をかけないで生活をするか，そのことを比べながら争っている姿に，福祉の貧しさを痛切に感じました．

私は，大学を卒業する時「僕はどうにか就職はできるかもしれないけど，『遊ぶ会』でいっしょだった障害の重い子どもたちが，どう大人として人生を過ごしていくのだろうか」そのことがとても疑問でした．そして，その彼らに一生関わっていくことに大きな夢を感じたのを覚えています．そして，大学時代のボランティア活動を通じて出会った大平義次さん（障害者の生活と権利を守る川越市民の会［以下，川越市民の会］代表）に，川越市の学童保育の障害児加算で制度化された指導員の仕事を紹介していただきました．学童保育で働きながら「川越市民の会」の事務局や，「川越いもの子作業所をつくる会」の活動に関わり，2年後の1987（昭和62）年，川越いもの子作業所の職員に転職しました．

3）在宅を余儀なくされた人たち

1975（昭和50）年以降，障害児の就学運動や養護学校の義務制度化，「完全参加と平等」をテーマにした「国際障害者年と国連・障害者の10年」という時代の中で，川越には川越障害者水泳会や障害者夏の合宿と障害者雪遊び（主催：川越市民の会），川越遊び虫の会（主催：すみれ保育室），みんなで元気に遊ぶ会（主催：大東文化大学，対象：主に知的障害児），紙ふうせん遊ぶ会（主催：東京国際大学，対象：主に肢体重複障害児）と，障害者や障害児の仲間づくりの場が広がっていきました．そして，その仲間づくりの基礎となったのが川越市民の会でした．

養護学校が義務制度化されて5年目頃から，「学校卒業後の進路」が課題になっていきました．当時川越市に在住する高等部の障害児のほとんどは，県立川越養護学校（現，川越特別支援学校）（知的障害），県立日高養護学校（現，日高特別支援学校）（身体障害），県立盲学校（視覚障害），県立聾学校（聴覚障害）に籍を置いていましたが，毎年の卒業生が年々増加し，障害も重度化・重複化していました（**表1**）．

「いもの子」が産声を上げる1987年頃，市内には50名定員の入

表 1 川越市内障害児学校，川越在住の障害児の卒業の推移

	1990 年	1991 年	1992 年	1993 年	1994 年	合　計
県立川越養護	12	19	21	21	15	88
川越市立養護	11	17	14	16	14	72
県立盲学校	1	4	3	4	0	12
県立日高養護	3	1	6	3	1	14
合　計	27	41	44	44	30	186

（「いもの子」調べ　単位：人）

所施設が 2 か所（対象：1 か所が知的障害者，もう 1 か所が自閉性障害者）と，市立の授産施設（現，就労継続 B 型事業所）2 か所，そして無認可の小規模作業所 1 か所がありましたが，どこも定員いっぱいでした．障害が重い人は在宅を余儀なくされていたのです．肢体重複の障害のある人は，重い障害ゆえにどこも立ち寄る場所はなく，親にもその体力はなく，寝たきりのまま過ごしている人や，1 日中街を歩き回っている人，紐に縛られたり，鍵のかかった部屋で親と 1 日過ごしている人が多くいました．やっと学校に行けるようになったのに，卒業したらどこも行き場がないという厳しい現実が待っていたのです．次の行き場があると思っているのに，在宅を余儀なくされることは，青年期とても残酷なことでした．

4）私たちのめざすもの

　そのような中で，川越市民の会に結集した障害者やその家族，そして学校の先生たちは，川越市役所に「学校卒業後の行き場を市の責任でつくってください」と要望していました．市は，私たちが施設をつくるのであれば，応援するという考えでした．市がつくるのを待っていては，すぐそこに迫っている卒業後の進路に間に合いません．そこで，「川越いもの子作業所をつくる会」を結成して建物や職員を探し，そして資金づくりを始めました．

　私たちは，埼玉県ですでに始まっていた共同作業所全国連絡会（現

在はきょうされん）埼玉支部に加盟する「あかつき園」を運営する「青い鳥福祉会」，「つばさ共同作業所」を運営する「鴻沼福祉会」，「川口太陽の家」を運営する「みぬま福祉会」から施設づくりを学んでいきました．私たちは，「障害のある人たちも社会や施設の主人公であること」「障害者を取り巻く情勢や障害者に関係する法律」「施設の運営の仕方や資金づくり」等々多くのことを知ることができました．また，共同作業所全国連絡会は1987年に結成され，その目的は，国に対し全国規模での要求運動を展開し，各地の共同作業所づくりの経験を深め合うことにありました．何よりそのめざすものが，

1．わたしたちは，障害のある人びとが労働を通じて社会に参加し，また，地域でのゆたかな暮らしを築く権利の保障をめざします．
2．わたしたちは，障害のある人びとと関係者一人ひとりが大切にされる事業体として民主的な経営をめざします．
3．わたしたちは，地域における共同の事業や運動をすすめ，障害のある人びとが生きがいと誇りをもてる社会をめざします．
4．わたしたちは，障害のある人びとの夢ある明日をめざし，科学と創造の視点を大切にしながら団結して前進します．

　このめざすものは，当時の私たちには，とても頼りになるものでした．
　そして私たちもみんなでめざす「理念」をつくったのです．
　・川越市に不本意な一人ぼっちの障害者を出さない
　・障害者も社会人として働き，成長発達できる社会をめざす
　・地域の障害者のセンター的な拠点づくりをめざす
というものでした．

5）川越いもの子作業所の誕生

　最初の拠点となったのが，東武鉄道東上線川越市駅にある阪アパートの北側6畳一間でした．「川越いもの子作業所をつくる会」と「川越市民の会」との共有の事務所でした．

そこで，理念や名称，運営委員会の構成や財源づくり，仲間探し，職員確保等々を考えていきました．作業所の名前ですが，最初につけたのが「栗の実作業所」でしたが，川越らしい名前ではなく，やっと思いついたのが「川越いもの子作業所」でした．川越といえば「いも」と，一度聞いたら忘れられない名前になりました．当時まだ20歳代の私には，「いも」といい「子」といい，どこかひっかかる，また気恥ずかしさを感じてしまう名前でした．しかし，慣れとは恐ろしいもので，今は何て軽やかでいい名前だろうと思っています．これは，町田初枝（社会福祉法人皆の郷理事長）の発案でした．町田はグループホームの名前を，「いも」のほくほくと人が集う温かさのほくほくを合わせて「ほくほくハウス」という名前も発案していきます．また，「栗の実作業所」という名前に決まりかかっていた時に，学童保育でお世話になった画家の小嶋恒弥さんにシンボルキャラクターをお願いしました．小嶋さんは右腕を曲げて力こぶが特徴の「いがぐり坊や」を描いてくださいました．「いもの子」に名前は変更しましたが，そのキャラクターはそのままで，名前だけ「いも太郎」に変わり，今でも皆さんに親しまれています．

そして，1987年，無認可の小規模作業所「川越いもの子作業所」が誕生します．

また，阪アパートの川越市民の会の事務所は，道路沿いの南側の部屋に移り，「川越いもの子作業所をつくる会・障害者の生活と権利を守る川越市民の会事務所」という白に黒字の看板を取り付けました．川越市駅と本川越駅を行き来する人にも，よく見えるようになりました．

2. 働く中でたくましく

1）実践の担い手は職員

私といっしょに入職した松川修さんは，大学時代から遊ぶ会や障害者水泳会などを通じての友人でした．松川さんが大学を卒業する

際，就職先を探している時に私が「いもの子」に誘いました．

　無認可の川越いもの子作業所が開所した 1987 年 4 月は，研修期間でした．職員 2 人で作業所の見学に行ったり，作業内容を考えました．「川越いもの子作業所をささえる会」のお母さんたちは，親は主観的になってしまうので，実践の担い手は職員だと考えていました．そして，職員のために 1 か月も研修期間を設けてくれたのです．先駆的な活動をしていた「東部入間むさしの作業所」「川口太陽の家」「あかつき園」や東京の「あさやけ作業所」「府中共同作業所」にも研修に行きました．どの施設も障害のある仲間たちが生き生きしていたことに驚きました．遊ぶ会や水泳会などで接していた障害のある子どもたちはよく知っていましたが，働く成人期の仲間たちとは初めての出会いでした．

2）仲間の要求に沿って仕事をつくる

　5 月になって，本格的に作業所が始まりました．最初の川越いもの子作業所は，新河岸駅から南西に 20 分ほど歩いた，武蔵野の森林が広がる場所にありました．建物は，夏場にお泊り保育などに利用する施設で，平屋で 15 坪ほどのフローリングと，南に長いベランダがありました．西側には，水洗い場と滑り台がありました．建物の周りは，鬱蒼とした木々に囲まれていました．森の中は，木の枝がゴロゴロと転がっていました．

　養護学校をその年に卒業した重度知的障害の柳沢民さん，四肢体幹障害と知的障害のある上條明美さん，知的障害で身体障害の田中正幸さん，熊谷養護学校を卒業して在宅生活を送っていた西川郁代さん，細淵貴子さん．そして「川越で暮らしたい」と思い身体障害者の入所施設から 40 歳で出てきた脳性麻痺の阪千鶴子さん．その時集まった 6 人の仲間たちの要求に沿って川越いもの子作業所はスタートしました．

　職員は，作業所で働いた経験はなく，道具も仕事もない中で，唯一目を付けたのが，転がっている枝でした．それを拾ってきて製品

にならないかみんなで考えました．そして思いついたのが，木の素材を生かしながら，木の切り口に7個の穴を開けた鉛筆立てでした．直径10cmほどの枝の小枝を取り去りまっすぐにして，8cmの長さに切り，7つの穴を開けて，毛羽だった穴を紙やすりで磨いて出来上がりです．「いもの子」第1号の製品でした．

　木の加工は，田中さんの仕事でした．松川さんが木を押さえ，田中さんが麻痺のある右手で鋸を挽きます．鋸を挽く時より，前に出す時のほうが力が入るので，鋸が丸く曲がっていました．1個切り出すのにとても長い時間がかかっていました．日高養護学校を卒業した明美さんも木工作業に加わりました．横たわる明美さんの右手に刷毛を持たせました．ゆっくりでしたが，唯一一定の方向に動かすことのできる右手は，職員が持った鉛筆立てに弧を描いて向かっていき，刷毛は鉛筆立てをなぞり，ニスが塗られます．明美さんは全神経を振り絞り，目は鉛筆立てを凝視して，刷毛を動かしました．明美さんの顔が，満面の笑顔になりました．この鉛筆立ての製品の中に，重症心身障害のある明美さんの労働が刻まれた瞬間でした．ニス塗りや木の磨きは肢体障害のある阪さんや細渕さん，西川さんも加わりました．道具は，鋸や手動式ドリル，紙やすりという，障害に対する配慮のない道具を使い，1週間に3個ぐらいのペースで鉛筆立てを作っていました．初めて盲学校のお祭りで鉛筆立てを売りました．お母さんたちが売るせんべいの横に鉛筆立てが並べられ，初めての製品であり，完売することができました．障害の重い仲間の労働が詰まった，鉛筆立てが売れました．

3）人に仕事を合わせる　民さんが缶を集める

　18歳で県立川越養護学校を卒業した民さんは，重度の知的障害があり，「バス来たー」「イヌー，ワンワン，イヌーいたー」など数語ですが，2語文を話し，犬やバスを見つけた時には，機嫌よく指さしをしていました．高等部3年の時民さんのお母さんは，仕事があって安心できる入所施設があればと探します．しかし，どこも空

きはなく，障害の重い民さんには通所の施設も見つからず，「いもの子」のつくり運動に参加しました．六軒町の支える会事務所で会議がある時，お母さんといっしょに来ていた民さんは，当時，川越水上公園がまだ建設中で，私といっしょに豊田本の水上公園のほうまで散歩に行っていました．田んぼが広がる中に，大きな道も造られていました．

川越いもの子作業所が生まれ，民さんは木工作業では，材料の木の枝探しを職員といっしょに行いました．しかし，木の加工には興味は示さず，手動式ドリルや鋸にも挑戦しましたが，力の緩急は難しく，また民さんの他は，肢体障害のある仲間であったため，いっしょに散歩したり，滑り台に乗ったりする仲間がいませんでした．人見知りな民さんは，みんなが部屋の中で作業をしていると，中に入ることができませんでした．みんなと散歩に出ても，ゆっくり歩く他の仲間たちを置いて，職員の腕を持ちながらどんどん先に歩いて行きます．散歩から帰ってきて，ご飯が始まっても，その中に入ることができず，トイレやベランダの窓越しから，その様子を見ていました．みんなが木工作業をしていると，その様子をベランダ越しから見ている民さんは，そこに置いてある木々や，椅子などを外に放り投げて，怒りをぶつけます．「民さん，おいでー．いっしょにやろー」と声を掛けると，「もー」といって滑り台へと走り，上に登って右の手首を噛んでいます．誘えば誘うほど腕噛みは強くなります．手首には，歯形の痕跡が痛々しく残っています．

ある時やはり民さんが，作業に入れず外の水洗い場で水をジャージャーと出していました．自分の靴を脱いで，靴底に水を当てています．靴底についた土が落ちていくのをじっと見つめています．「民さーん，きれいになるねー」というと「うーん」と，笑顔で声が返ってきます．私の靴も出していっしょに洗いました．民さんが真剣に靴を洗っています．作業所が始まって2か月経って，初めて見る民さんの集中する顔でした．翌日から，靴を洗う棒たわしと洗剤，そして汚れた靴を用意して，靴洗いを仕事にしました．洗剤をつけ，

棒たわしでゴシゴシと磨き，泡立った靴に水をかけ，泡が消えるの
を見ています．笑顔が出て，「やったー，きれいになったねー」と
お互い喜んでいました．靴のクリーニングを仕事にすると子育てで
忙しい家庭は喜ぶのではないかと次の方向を考えながら，当面は靴
を職員や仲間に持ってきてもらい，午前中に靴洗いをして午後散歩
に行くという日課でした．しばらくして午後の散歩は，リヤカーを
購入して段ボールの回収を始めました．段ボールが溜まって，回収
業者さんに段ボールを売りました．初めて民さんの労働がお金にな
りました．とても感動的な出来事でした．しかし，あいかわらずお
昼になると食事の場に入ることはできませんでした．そして夏が終
わり，少し肌寒くなってきて，靴洗いは体の冷える作業になってき
ました．

　その時，アルミ缶リサイクル協会から「缶食い虫」というアルミ
缶を１個１個潰せる空き缶プレス機をいただきました．缶を職員か
ら民さんに渡すと，民さんがしっかり受け取り，ふたを開けて缶を
入れ，またふたを閉めます．こちらから渡した缶を，「アハー」と
笑顔で受け取り，「オッ，オッ，オー」と言って缶を入れていきます．
靴洗いは缶プレス作業に変わり，午前回収，午後缶プレスという日
課に変わりました．午前は，新河岸や高階地域を回り，鉄缶やアル
ミ缶を集めました．民さんがリヤカーを引き，私が後をついて行き
ます．ジュースの販売機を置いているお店に「缶をください」と伝
えながら，提供していただけるお店を広げていきました．お願いす
ると，断られることはありませんでした．急に街に現れた缶集めの
リヤカーに，優しい声援を送っていただきました．あるお店の自動
販売機の前には，２個の一斗缶に缶と瓶を分けて入れています．民
さんが瓶が入っている一斗缶を持ってきて，リヤカーに入れようと
した時，缶でないことに気づき，手が止まり，戻って缶の入ってい
る一斗缶に持ち替えて，リヤカーに缶を移しました．民さんはリヤ
カーの操作でも，職員がついてないと，直線に進んでガツンガツン
と物にぶつけてしまうのですが，瓶の一斗缶を，缶の一斗缶に取り

替えた民さんに，1つ上の力を発揮していることに気づきました．

そして，人間関係にも変化が生まれたのです．彼女はお店の人に「おはよー」と声を掛けるようになり，回収から帰ってくると「ただいまー」と言い，中で働いている仲間たちから「すごいね」「たくさん集まったね」「お疲れ様」と声を掛けられるようになりました．仲間の中に入ることを躊躇していた民さんが，リヤカー仕事を終え，リヤカーにいっぱいになった缶を見せることで，仲間同士の関係が生まれていったのです．同じテーブルを囲んでみんなとご飯が食べられるようになってきました．

人に仕事を合わせていくことは大切であること．作業所ができても，民さんの居場所は用意されていませんでした．もちろん民さんが座れる椅子やテーブルはあったのですが，社会の中の「いもの子」という，労働集団の中で民さんの役割が生まれることで，人に仕事を合わせることを学びました．そして，合わせるだけでなく「おもしろい」「楽しい」「やってみたい」という取り組みを準備することの大切さを知りました．また，缶プレス機やリヤカーという道具の存在が，障害のある仲間たちが主人公として働く支えになっていくことや，本人，仲間，地域社会を結び，収入につながることもこの時期，学びました．

4）この街で働く　詠司さんが生まれた街で

川越いもの子作業所が誕生して2年目は，東武東上線の川越駅と川越市駅の中間にある，線路沿いに建てられた市の官舎に越すことができました．土地が84坪あり，46坪の木造平屋の建物でした．

リヤカーを引くことと，缶プレスの仕事に養護学校を卒業してきた町田詠司さんが加わりました．詠司さんは観光名所の「時の鐘」のある蔵造りの街並から通って来ていました．「詠司さんリヤカーで出かけるよ」と職員が言うと，「バッバー」と答えます．「詠司さんおはよー」と言うと「バッバー」とあいさつします．言葉は「バッバー」としか出ないのですが，人が伝える言葉は，ある程度理解し

ています．また，気を許せる仲間が来ると，「バッバー」と手を叩きながら喜びます．「犬，ワンワン」ということが多い民さんは，他人の名前を呼ばないのですが，相棒の詠司さんだけには「エイジー」と呼びます．民さんの仕事の相棒になった詠司さんを仲間として受け入れていました．民さんと詠司さんが引くリヤカー集団は，武州ガスタンクのそびえる横を通って，田町の長島酒店に声を掛け，川越女子高を通り過ぎ，作業着屋さんに寄り，入り組んだ道に入って，いろいろな店や工場に寄りました．そして，時の鐘を過ぎた八百屋さんの所まで行って，段ボールをもらって東田町の作業所まで戻っていきます．いろいろな店や工場が民さんや詠司さんと顔なじみになっていきます．2時間の回収時間ですが，終わる頃にはリヤカーの高さの倍ぐらいの段ボールや空き缶を集めていました．この時期，民さんも詠司さんもよく街の中を歩きました．川越の街の中で働く自信やたくましさを身に付けていきました．

　ある日のこと，詠司さんが施設の送迎車で家に帰ると，お母さんがまだ家に帰っていませんでした．詠二さんは家に誰もいないことを知ると，来た道を戻って15分ほど歩いていたら，リヤカー回収で寄る作業着屋さんの所で，呼び止められます．作業着屋さんのおばさんは，よく見かける詠司さんをお店の中に座らせて，作業所に電話をしてくれました．あわてて職員が迎えに行くと，パンと牛乳を持った詠司さんがいました．障害の重い民さんや詠司さんが働くことによって，街の中に彼らの居場所も生まれていました．障害者も住みよい街づくりと言われますが，単に駅や道が利用しやすいだけでなく，そこに重い障害のある人もその力に応じて働く場があり，その生産物を通じて地域の人たちとの関わりがあることが街づくりで重要であることを知りました．

5）自分が主人公になれる仕事

　作業所があると聞いて訪ねてきた43歳の男の人がいました．小山さんです．彼は「てんかん」という障害があり，職場を20回も

変えてきました．工場やセールス，保険の外交，店員等々，てんかんの発作で倒れるたびに，職業を変えてきたそうです．もう，一般の所では働きたくないのでここで働かせて欲しいということでした．当時の制度では身体障害か知的障害の手帳を持つ人が，無認可作業所の補助金の対象で，小山さんの障害は対象にはなりませんでした．作業所に入った小山さんは，過去に籐の家具やインテリアの工房に勤めていた経験があり，籐作業を始めました．いろいろな籠を作り，大型の物では小物が入るふた付きの籐椅子を作っていました．そのうち，仲間や職員も籐を編むようになり，籐も「いもの子」の製品になりました．クリスマスにはリースを100個ほど作り，暮れの季節製品として500円で販売しました．籐を編む経験を土台に，正月用のしめ縄を作って売ろうということになりました．町田理事長の実家のお父さんにしめ縄の編み方を教えてもらい，新人職員の星野が鎌北湖のある山へ行き「裏白」を集め，私は実家から固いミカンを送ってもらい，エビの飾りは浅草橋まで買いに行って準備を進めました．注文をとったり，一番街のお店に置いてもらったり，作業所の駐車場で実演販売も行いました．作業所は12月28日で仕事納めでしたが，30日まで販売を続けました．最初の年は売り上げが30万円，2年目は60万円を超えました．その年の新年会はとても盛り上がりました．しめ縄の売り上げは，作業所の工賃を4千円から1万円へと飛躍的に伸ばしました．私たちは障害者が作った製品として売るのではなく，ニーズに即して企画して製作することを学びました．そして小山さんは，作業所で籐づくりの中心を担っていきました．

　小山さんが作業所に通うようになり，障害年金の継続の手続きを行った際，作業所に通い収入を得たことで年金の支給が停止してしまうことがありました．少ない作業所の工賃なのに「働く場所」を「川越いもの子作業所」と書いただけで，いとも簡単に年金が切られる現実を知りました．職員と再度年金の申請を行い，幸いにも受給できるようになったのですが，社会や制度に翻弄される小山さんの人

生を思うと，とても悔しい思いを持ちました．

1990（平成2）年に川越駅東口に商業施設のアトレが生まれ，その1階の市の出張所の横に3坪の「川越福祉の店」が生まれます．その運営を川越いも子作業所が任されます．そこに訪ねてきた家族の方から，前田さんについての相談がありました．前田さんは，中学校時代は通常クラスで過ごし，卒業後は20年間ずっと団地で過ごしていました．川越市民の会の大平も加わって彼のケース会議を開き，作業所に入ることになります．当時の前田さんは，独語がとても多く，昔の映画スターの名前や，家族に言われる叱責の言葉を繰り返し，職員が目を離すとどこか遠くにいなくなってしまいます．見つかる時は，コンビニで何か商品を食べてしまい，警察に通報され，作業所に連絡が来ていました．長い在宅生活は，彼が社会で育つ時間を奪っていたのです．その後彼は，川越いも子作業所に入り，リヤカーで缶を集め，プレスする仕事に加わります．

無認可時代の川越いも子作業所は，学校卒業後にどこも行き場がなく一人ぼっちになってしまった障害者が多かったのです．そして，木工作業や缶プレス，紙すきや籐作業を通して，社会の中の彼らの居場所をつくっていきました．小山さんが，「俺，『いも子』に入る前は，てんかんであることを隠しながら生きてきた．それで20回も仕事を変えてきたけど，『いも子』で働くようになって，障害を隠さず過ごせるようになった．早く『いも子』に出会っていればよかったなー」と言っていました．彼が社会の中で経済的に自立するために，自分自身を追い詰めていたように思いました．民さん，詠司さん，小山さんのように，自分が主人公になれる仕事が，社会の中の居場所をつくり，生きる力につながっていくことを知りました．

6）無認可作業所から授産施設をめざす

「いも子」は無認可で発足した時点から，障害の重い仲間を支え，職員の身分保障を進めるため，5年後には法人格をもち，認可

施設の開設をめざしました．最初の年（1987年）から，川越市駅近くの富士見中学校をお借りして「川越いもの子作業所チャリティーバザー」を開催しました．バザーは学校卒業後の行き場がないことと，認可施設づくりのための資金づくりを訴えました．翌年（1988年）からは，上條恒彦さんの協力を得て，川越市民会館にて「チャリティーコンサート」も開催しています．

　川越いもの子作業所の運営母体である「川越いもの子作業所をささえる会」は，お母さんたちを中心に構成され，資金づくりを行う事業部，障害者制度などを学ぶ学習部，「いもの子」を支える賛助会員の拡大を図る組織部，市内を中心に障害者問題について伝え，建設資金を集めていることを知らせる広報部から成り立っていました．5年後につくる認可施設は，学習部のお母さんたちが中心になって，障害者施設の制度や種別などを検討しました．重度の障害があっても，彼らの力を十分に発揮できる施設にするためには，どんな施設がよいのかを考えてきたのです．

　結論は，障害は重くとも更生施設ではなく，授産設備の補助が出る「知的障害者通所授産施設」を選択しました．障害が重いからこそ，道具や機械を整備して，彼らの労働を保障しようと考えたのです．みんなで学習した結果でした．

7）認可施設づくり

　初めての認可施設の候補地は，川越市が率先して探してくれました．保育園の跡地や畑，下水の終末処理場の跡地など二転三転しました．終末処理場の跡地では，半径300mの周辺住民の署名が必要になり，途中で建設反対の勢力も生まれ，550軒も署名を取らなければならなかったのですが，「障害者は女，子どもを襲う」「土地の値段が下がる」などのデマが生まれ，そのデマに対するチラシを持って，「いもの子」の家族，職員で地域を回ったのですが，挽回することはできず，残念ながら撤退せざるを得ませんでした．しかし，すぐに川越市は，1,600㎡の現在の笠幡の土地（川越市笠幡4063−1）

を見つけてくれました．前の土地より不便な場所でしたが，JR笠幡駅からは，歩いて10分ほどののどかな小畔川のほとりでした．

　新しい施設の設計は，川越市の六軒町にあるアート設計事務所の設計士の星さんにお願いしました．星さんは，それまでも障害者施設の設計管理を行い，障害者施設の建設に関する専門的な知識を豊富にもっていました．設計は星さんといっしょにみんなで考えました．お母さんや職員，仲間がどんな機能をもつ施設にしたいか要望を出し，そして次の会議で設計士さんが図面を起こし，それをまたみんなで討議し合いました．施設づくりにみんなの思いが重なっていきました．大平さんには，点字の図面が用意されていました．

　アルミ缶プレスと木工作業を認可施設の新しい作業とし，1,000万円の機械設備を購入しました．木工機械を購入する時，障害者施設には危なくて売れないという業者もいました．建設が始まり，笠幡の土地に施設の鉄骨が建った時，ブルーシートを敷き，鉄骨を見ながら，ささえる会の運営委員会を開催し，みんな浮き浮きした気持ちで参加していました．

　認可施設設置の窓口は埼玉県で，町田と大平と私で幾度となく埼玉県庁へ通いました．なぜ施設設置が必要なのか，その根拠を大平はいつも一所懸命に，そして熱心に県の担当者に伝えていました．施設整備の申請書作成は私が担当しましたが，慣れない作業で締切りぎりぎりまで徹夜で仕上げていました．書類づくりでたいへんなのは，建設資金の確保でした．書類を作りながら建設資金のことを思い，ドキドキしていました．

　1991（平成3）年3月には，認可施設が完成予定で，法人登記が必要でした．司法書士に頼める資金はなく，私が独学で書類作成し，登記しました．書類の厚さは10cmくらいになり，それを2冊作り法務局に提出しました．素人が書類を作ったために，笠幡の番地を4063−1と登記したのですが，本当はハイフンではなく4063番地1となるはずでした．法人印の登記も，丸印のはずが，角印で登録していました．

3.「働く仲間が主人公」を実践
家から一歩出たら社会人

1）仲間の移動を支える送迎

　そして，1991 年 3 月社会福祉法人皆の郷が誕生し，6 月に川越市笠幡に新築の鉄骨造平屋 490㎡の「川越いもの子作業所」が開所しました．6 人から始まった仲間たちは，22 人になっていました（うち車椅子の人 6 人，肢体重複障害 7 人，自閉性障害 7 名を含む）．

　施設開所当初から，車で送迎をしていました．無認可時代は，私と松川さんが鶴ヶ島のアパートに住み，中古で買ったワゴン車に 8時 30 分に乗り込み，それが仕事の始まりでした．最初に乗せるのが民さん，そして田中さん，南大塚付近で細渕さんと阪さん，そして西川さんを乗せて，下松原にあった作業所に着くのでした．上條さんは，家が近かったのでお母さんが車で車椅子を積んで，明美さんを連れてきてくれました．

　笠幡に移り仲間が 22 人になっても，「家から一歩出たら社会人」を合言葉に，仲間の移動を支える送迎を行いました．笠幡 1 年目の時期は，ワゴン車 2 台と，川口太陽の家からもらい受けた中古のマイクロバスを使いました．お金のない時期で，その時に譲渡されたマイクロバスはとてもありがたかったです．もらったマイクロバスは，横に川口太陽の家と書かれ，車内は長年使いこなした跡がはっきり出ていました．座席のほとんどのカバーが破れ，背もたれのクッションは中身が飛び出していました．しかし，仲間や職員にとっては，ゆったりと座れ，安心感がありました．バス会社を退職した運転手さんを雇い，マイクロバスを走らせました．マイクロバスにしか介助の職員を配置できない頃もあり，ワゴン車は運転する職員 1人でした．運転中にパニックになる仲間もいて，そんな時は，職員が道端に車を止めて慰めたり，パニックを起こしている仲間に声を掛けながら運転をしていました．

初代と2代目のワゴン車は，送迎の途中でエンストをよく起こしました．特に初代のワゴン車はエンストすると，後ろで職員が車を押しながらエンジンをかけるいわゆる「押しがけ」をやっていました．一番怖かったのは，線路の踏切でエンストをした時です．とてもあわてたのですが，後ろの車の人も降りてきてくれて，車を押していただき，事なきを得ました．

2）仲間の姿から実践をつくる

1988（昭和63）年に東田町に作業所が引っ越しても，蔵造りの街並みをリヤカーを引いて段ボールとアルミ缶を集めました．回収にはどこも協力的で，1時間ほどでリヤカーは満杯になりました．東田町にはテントを立てて，そこに段ボール，新聞を入れました．近隣の人も届けてくれるようになりました．1991年に笠幡の川越いもの子作業所が開所し，アルミ缶プレス機を整備し，アルミ缶を大量に集めプレスをするようになりました．アルミ缶を集積所から集めるために，「いもの子」の職員の小林幸路は自治会の夜の会議に参加し，説明をし，回収場所を増やしていきました．その当時自治会の集積所に置かれたアルミ缶は無主物（誰のものでもない）で，「いもの子」が回収してもよかったのです（もちろん自治会に許可を得ていました）．しかし，2004（平成16）年の9月に川越市に新しい条例が生まれ，それまで無主物であった回収場所に置かれたアルミ缶は，川越市の所有となりました．集積所のアルミ缶が回収できなくなると，大きく減収となります．私たち川越いもの子作業所は，「通常通り回収できるようにするか，条例を改正して欲しい」と川越市に要望書を提出しました．当時回収を行っていた職員と6人の仲間たちは，川越市と話し合いの機会をもち，「川越いもの子作業所が自治会の許可をいただいた場所のアルミ缶の回収については，市は関知しない」という回答を得たのです．リサイクルの循環の中に，障害のある人たちの労働が加わっていることが大切にされたのです．自分たちの仕事について仲間が要望するという，これからも

大切にしたい「いもの子」の実践です.

　また,川越市の公園清掃の委託作業は,「川越市民の会」を通して,作業所で働く障害者の工賃収入を増加させる目的で,川越市に要望してきました. 1992（平成4）年その要望が実現し, 1万㎡の初雁公園を川越いもの子作業所と初雁福祉作業所で受託しました. 当時のデイケアいもの子の仲間たちは,本丸御殿のそばにある広々とした初雁公園を掃除して,とてもゆったりとして達成感のある仕事に喜びを感じました. 公園を利用している人たちからも感謝されました. 市民サービスに直結する作業に,障害者施設で働く仲間が従事することができて,大きな一歩でした.

3）せんべいを語り　仲間を語る

　笠幡の川越いもの子作業所は3年で定員いっぱいとなり,次の通所施設が必要になりました. 車椅子を使う仲間が7人,自閉性障害の仲間も定員の半数以上もいる施設は,とても手狭になりました.

　1994（平成6）年4月,第2川越いもの子作業所の構想が始まり,知り合いの不動産屋さんを通して現在の第2川越いもの子作業所の土地に出会いました. 西川越駅からも歩いて15分で,川越市の中心地にも比較的近い場所でした. 川越市が観光地であることと,比較的にお菓子の中でも日持ちがいいことから,おせんべいづくりを中心の作業をすることにしました. 川越いもの子作業所をつくった時と同じように,設計はアート設計事務所の星さんを囲んで,せんべい作業ができて,肢体障害のある仲間たちが落ち着いて体の取り組みと排せつの介助とお風呂の取り組みができる場所を確保し,広い食堂のある設計を考えていきました. また,施設を設置する時に必要な近隣の同意に関しても,富士見中学校のバザーで「いもの子」のことが知られていて,説明会でも快く同意が得られました.

　初めてのせんべい作業は,職員の山田英紀が,埼玉県深谷市のせんべい工場に1週間通い,技術を身に付けました. せんべいを作るといっても,その形,大きさ,味,パッケージのデザインを考えな

ければなりません. しょうゆ, サラダ, ゴマ, エビ, 丸せんの基本ができ, 川越の観光スポットである時の鐘を描いた150円袋が生まれました. 会社のイベントや, 地域の自治会の行事, 商店街の販売等々, あらゆる場所で宣伝と販売を行いました. 「せんべいを語り, 仲間を語る」そんなことを繰り返してきています. 仲間を語るためには, せんべいがおいしくなければなりません. そして, 印刷せんべいが生まれ, 2004年に埼玉で開催された国体の際には国体のロゴの入った大量注文にも応じる力が付き, 泊り込みでせんべいを焼くこともありました.

下地義和さんは, 第2川越いもの子作業所に異動して, せんべいの焼き作業や味付け作業に入るようになりました. 重度の詠司さんも東田町の作業所から異動してせんべいの包装作業に入り, せんべいの袋にラベルを貼る作業に取り組みます. 詠司さんは集中して取り組める仕事に出会ったのです.

4. みんなでつくる将来構想

1) この街で働き続ける権利を守るために

車椅子を使用し, 手に麻痺があり, 話すことができない丸山誠也さんは第2川越いもの子作業所に通っていました. 肢体障害の児童が通う養護学校 (現在は特別支援学校) の時代から, 丸山さんのお母さんは, 彼の卒業後の行き場づくりのため, 「いもの子」の事業活動に奮闘していました. チャリティーバザーの実行委員長を務め, 車を走らせ企業へのあいさつ回りや荷物集めを必死に頑張っていました. 話すことができない丸山さんなのに, 丸山さんのお母さんは前日の給食のメニューを知っていて, 職員を驚かせていました. 丸山さん親子は, 目の動きや動作で会話していたのです.

無認可時代の東田町の川越いもの子作業所で働き始めた丸山さんは, 麻痺があるため, 缶を握って「缶食い虫」に投入できません. そこで, 缶食い虫の投入口のふたに取手を付けた紐を取り付け, 左

の上腕部が可動するので，彼が取手を引っ張って投入口を開け，他の仲間が缶を入れ，そして左手の甲で丸山さんがふたを閉じることにしたのです．彼は缶をプレスすることに集中し，真剣に仕事に向かっていました．その後，笠幡に移った川越いもの子作業所で，木工作業に取り組みました．木工作業では，電動ドリルのレバーを下ろし，木に穴を開ける仕事を担当しました．第2川越いもの子作業所ができると，自助具を使ってせんべいの袋詰めの作業を行い，障害が重くても丸山さんは，働くことに真剣に向き合っていました．

1997（平成9）年，丸山さんの母親ががんを患い，50代の若さで亡くなりました．その翌々年後を追うように持病が悪化し，父親も亡くなりました．そして家がなくなり誰も彼をみる人がいなくなって，入所施設に行くことになりました．アルミ缶のプレスや木工ドリル，そしておせんべいづくりにやりがいをもっていた彼が，働く場を去らなければいけなくなりました．いくら働く場があっても，暮らしの場がないと，いつもの暮らしが存続できないことを知りました．

行き場づくりの運動を続けてきた私たちが無力感を感じる出来事でした．障害のある人たちにはこの街で働き，暮らし続けられるための権利が保障されてないことを改めて知りました．障害のある人が生まれ育った地域の中で，働き暮らす制度の向上と暮らしの場の整備が急務となり，グループホームづくりの要望が高まりました．

2）青い屋根のほくほくハウス

入所施設のある法人しかグループホームを運営できない制度が，2000（平成12）年から変わり，通所施設しかない法人もグループホームを設置，運営できるようになりました．これを機会に一気にグループホームづくりを進めました．「第4期将来構想委員会」が発足し，合わせてグループホームづくりのためのワーキングチームが立ち上がりました．

ワーキングのメンバーには，これまでの施設建設にも関わってい

ただいたアート設計の星さんにも参加していただきました．

　仲間たちが住みやすい部屋，友だちが来ても談話できる構造など，みんなで考え，設計士の星さんが図面にしていきました．そして，グループホームに誰が暮らすのかが問題になりました．入居者を募集してもすぐに手を挙げる人は出てきません．新しいことを始める時は少しの勇気が必要です．グループホームの最初のメンバーは，話し合いを重ねる中で，決心する家族が名乗り出てきました．下地さん，矢澤さん，山崎さん，詠司さん，清水さん，斉藤恒さんの6人でした．

　「いもの子」にとって暮らしの支援は，まったく新しい分野です．入職3年目の武藤寛史さんがグループホームの職員になりました．グループホームを開設するにあたって，武藤さんと私も加わり，新しく暮らし始める仲間たちの心の準備のために越生で合宿を行いました．夕食はみんなでカレーライスを作りましたが，それを食べながら新しいことへの不安と，「みんなで頑張ろう」という思いも噛みしめていました．グループホームの場所は，武藤さんを中心にみんなで探しました．「4LDKから5LDKの物件を探している」と50件近い不動産屋さんにも伝えました．ある家族から，家を改修する時に使う貸家を紹介していただきました．川越線の的場駅と東武東上線の霞ヶ関駅にも近く，学生街でもあり，お店も揃っている場所に，グループホーム第1号が開設します．2000年のことでした．青い屋根の家の「ほくほくハウス」です．その名前も「グループホームワーキングチーム」で決めました．理事長の町田の提案でふかしたお芋のように温かい「ほくほくハウス」と命名されました．町田と武藤，大畠で自治会長さん宅を訪ね，グループホームを開設し，仲間が越してくることを説明しました．自治会長には快く話を聞いていただきました．

　初めての暮らしの場の開所式は，「ほくほくハウス」で開きました．「川越市民の会」代表の大平は，街の中に障害の重い人の暮らしの場ができ，「やっとここまできたね」としみじみと話していました．み

んなでグループホームを内覧しながら，作業所を始めて13年，暮らしを支える活動の第一歩を歩み始めたことに大きな喜びを感じていました．

　親から離れた仲間たちと武藤さんの新しい生活が始まりました．6畳間に続くキッチンがあり，アルバイトの学生が入り，にぎやかな夕食となりました．片付けの時に仲間の力が発揮されます．食後職員が皿を洗っていると，自閉性障害のある斉藤さんが，皿を受け取って布巾で水滴をふき取っていきます．斉藤さんがふき取る横で「早くしろ」と言わんばかりに「ばっばっ」と斉藤さんの肩を押しながら催促し，詠司さんはその皿を受け取り食器棚の中にしまっていきます．作業所ではあまり見受けられない重度の仲間同士の見通しをもって行う連携作業でした．長く家族と暮らしてきて，家庭生活の中で培ってきた力を見事にグループホームで発揮したのです．また，病院暮らしの長かった清水さんは，洗濯には慣れていました．夕食前の洗濯の時間に，今日の出来事の話が弾みます．そこに清水さんと同じ第2川越いもの子作業所に通う矢澤さんが加わります．第2川越いもの子作業所でおせんべいを焼いた話，給料の使い道，家族や姪っ子のこと等々，作業所では話さなかったことが，夕方のほっとした時間に会話が生まれ，時間がゆっくり流れていきます．今までにない仲間たちとの近い距離感，家族になったような感覚でした．まさに青年成人期の彼らの生活が音を立てて，動き出したように思えました．

3）女子の第2ほくほくハウス

　養護学校を卒業し，無認可の川越いもの子作業所で，アルミ缶回収を通して缶と瓶を分けて回収することができるようになった民さんは，その後も笠幡の川越いもの子作業所で，アルミ缶プレスとリヤカー回収の日々が続いていました．笠幡の川越いもの子作業所には，家から徒歩15分で通ってくるようになりました．家庭生活が充実する中で，障害は重くても，親から離れたグループホームでの

暮らしをお母さんは望むようになりました．最初のグループホームが開設した 2000 年に女子の第 2 ほくほくハウスの設立をめざすことになりました．グループホームの仲間たちが，生き生きと生活し作業所へ通う姿は，他の作業所の家族や仲間からはとてもたくましく，豊かさが感じられるものでした．最初のグループホームは募集してもなかなか希望者が出ませんでしたが，第 2 ほくほくハウスは女性 8 人の応募がありました．候補の物件探しは，難航しました．「障害のある人が住める物件を探しています」とチラシを作り，50 軒以上の不動産屋を回りました．バブルの時代に建てられた御殿のような家を紹介されましたが，街中から遠く離れ，隣町にあるため，断念しました．「障害者が住むということで，大家の了解がとれない」とも言われました．それでもやっと，川越の北，西鯨井の田園が広がる中に物件が見つかりました．駅から歩いて 30 分以上もかかる不便な場所でしたが，その代わり部屋数が多く，ゆったり作られていて，大きな庭もあり，環境も良く，女性だけのグループホームとしました．職員は，当時第 1 号のグループホームに勤めていた小林明日香さんが就きました．小林は入所施設での 3 年ほどの勤務経験があり，浄化槽の清掃，植木や芝生の手入れ，近所や自治会との関係づくりもスムーズでした．近所にお茶の先生がいて，そこにお茶を習いに行くようになりました．また，不便な場所だったので，みんなでよく散歩ついでに遠くまで買い物に出かけていました．

　お母さんのことが大好きな民さんも，家から離れ，仲間同士で生活するようになりました．ルームメイトは黒田芳江さんです．黒田さんは 1 階の 6 畳間，民さんの部屋はその隣の 8 畳間でしたが，8 畳間は使わず，6 畳間で 2 人で布団を並べ眠っていました．さびしがり屋の民さんが，同じ障害のある黒田さんを支えにしながらグループホームの生活を送っていきます．働き始めた頃と同じように，居間に入れず，自室にあるものを手当たり次第廊下へ投げ出していきます．しかし，その時代とは違って，同じ仕事場の黒田さんが「民さんおいでよー」とやさしく声を掛けてくれます．朝も黒田

さんと民さんとで送迎バスが来るまでに食事をして，顔を洗い歯を磨き，着替えを済ませていました．家族の力を借りずに，2人の関係があるから暮らしているのだと思いました．重い障害にもかかわらず，とてもたくましい姿でした．朝，送迎車が到着すると，まず黒田さんが先に来ていることもあれば，黒田さんと民さんと職員がいっしょに来て送迎車に乗ってくる時がありました．第2ほくほくハウスと送迎車までの距離は，田んぼのあぜ道を200mほど歩くのですが，送迎車に向かってくる2人の顔は，笑顔で輝いていました．この後2016（平成28）年には「第7ほくほくハウス」まで広がっていきました．

4）多様なニーズをもった人たちとの出会い

　「いもの子」には作業中にいなくなる仲間がいます．信さんは，無認可の時代に入所しましたが，作業のたびに姿が見えなくなってしまうのです．缶の回収のために駅に立ち寄った時に電車に乗り込んだようです．中学時代にお母さんを亡くし，養護学校卒業後入所施設に入るのですが，そこもすぐに飛び出してしまいます．一時家で暮らすのですが，家からもいなくなる時があり，よく市役所のロビーの椅子に座っていたそうです．「いもの子」に入っても，いなくなることはよくありました．職員が手分けして探すのですが，人気の減った午前0時くらいに，駅のトイレや家の近くの広場の軒先で見つかります．見つかる時は，きまり悪そうな目をしながらも，どこかほっとした表情をしています．信さんは，学校を卒業してもどこも行き場がなく，青年期に自分を迎えてくれる居場所がなかったのです．父との生活だけでは落ち着かず，外に出て行ってしまって，誰かが見つけてくれることを待っていたのです．彼の願いは，穏やかに流れる時間の中で，自分の話す言葉を，お茶を飲みながらゆっくり聞き，うなずいてくれる人や場所かもしれません．今信さんは「いもの子」の入所施設で暮らし，第2川越いもの子作業所で働いています．

直さんは，認可施設になって入所してきた人です．アルミ缶プレスが好きで，缶入れには集中して取り組めます．気分転換にジャンプを繰り返し，手の指の隙間から太陽の光の変化を楽しんでいます．その彼を家まで送り届けて，「いもの子」へ帰って来ると，お母さんから直さんがいなくなったと電話が入ります．直さんは川越の街を，彼の決めたルートを服を脱いで走っていました．川の土手沿いから彼を発見することもありました．直さんは，家に帰って裸になるのですが，それは彼なりの心地よさの追求でした．仕事を終え，ほっと一息の時間だと思います．高齢の親が体格のいい直さんを支えているので，気分の高まった彼を制止することはできません．直さんは1週間に一度は家からいなくなって，川越の街を走っていました．職員は手分けして直さんを探し，川の土手に立っていると直さんが走って来るのをよく見かけました．勤務時間を超えての捜索が日常でした．

　猛さんは，入所施設から出されてきた人です．110番通報や119番通報をしてしまったり，病院のはしご，タクシーの無賃乗車等々不安定行動が激しい人でした．川越市のケースワーカーを通じて相談に来た人です．入所施設で暮らし，川越いも子作業所に通ってくることになりました．作業中にいなくなることは頻繁でしたが，そのたびに職員が捜索に出かけ，どこまでも彼を追いかけて行きました．猛さんには，小学生になる頃はもうお母さんがいませんでした．学校の給食だけが彼の栄養をつなぐ場所であり，学校が彼の愛情を求める場所でした．学校を卒業した彼には，拠り所となる場所はなく，公園の東屋が彼の寝場所でした．彼の拠り所をつくるため，まず彼の働く場をつくり，不安定で逃げていく彼の後姿を追って行きました．そんな中から，彼は少しずつ私たちを受け入れてくれるようになり，話をしてくれるようになりました．

　川越で生まれ育ち，支えていた母がいなくなり，20歳を過ぎて遠くの入所施設にいた阪さんは，40歳になって川越に帰ることを望みます．川越いもの子作業所が開所され，作業所を拠り所に地

域生活を始めました。姉の自宅に暮らしていた阪さんは2DKのアパートに引っ越します。作業所から歩いて5分ぐらいのところでした。阪さんは、脳性麻痺で両腕と顎に麻痺があり、食事や衣服の着脱、トイレ、お風呂は全介助です。アパートで1人で暮らす彼女に、介助のボランティアを募集し、特に夜の介助者を探しました。当時ヘルパーは、週3回30分ほどしか入ってもらえず、作業所の職員が仕事を終えて、介助に入っていました。川越いもの子作業所が拠点になって彼女の地域生活を支えていました。

　学校を卒業してもどこも行き場がなかった信さん。親が高齢で作業所から帰って外へ飛び出していた直さん。落ち着ける場所がなく、東屋で夜を明かしていた猛さん。そして、重い障害がありながらも入所施設を出てアパートで一人暮らしを始めた阪さん。いろいろなニーズをもつ人たちとの出会いから、相談をしながら、資源を調整し、ヘルパーの派遣もできる相談支援センターの必要性に迫られてきました。

5）障害者地域生活支援センターのびらかの出発

　2003（平成15）年に、障害者福祉は行政が措置決定する制度から、法人と個人が契約する支援費制度の時代になりました。それ以後ヘルパー制度が利用できるようになり、知的障害のある人たちの通院支援などが可能になっていきます。それまで家族の負担になっていた通院がヘルパーの支援でできるようになりました。「いもの子」は、当時の知的障害のある人の相談事業である療育支援事業を県と川越市に要望していました。しかし、了解が得られず、職員を雇い障害者地域生活支援センター「のびらか」を全額法人負担で、無認可の事業所として第2川越いもの子作業所に設置して立ち上げました。そしてヘルパー事業も開始し、初代のヘルパーには、デイケアいもの子に勤務していた中村良子さんが異動しました。成人期の障害のある人たちも親不知の歯の痛み、風邪、腹痛、頭痛、持病の治療など通院が必要ですが、体が大きくなると小まめに病院に連れて行く

ことが難しくなります．ヘルパーによる支援が可能になり，病気の
予防も兼ねて通院ができるようになりました．精神科への通院や相
談も増えました．病気を放置したままでいることがなくなったので
す．支援費制度以後，自閉性障害のある人のパニックが減ってきた
ように思えます．そして2005（平成17）年，障害者地域生活支援セ
ンター「のびらか」が川越市霞ヶ関の角栄商店街に開所します．相
談員の事務所，ヘルパーの事業所，そしてグループホーム職員の事
務所としての機能をもった障害のある人の地域生活支援のセンター
が生まれます．ほくほくハウスは，霞ヶ関周辺に5か所点在してい
ましたが，センターは，グループホームで暮らす障害のある人たち
の拠り所となっていきます．ヘルパーといっしょに余暇活動も広
がっていきました．

　1人の障害のある青年の親が亡くなったことを境に，「いもの子」
の将来構想は，「この街で暮らしたい」という仲間たちの思いを大
切にして，地域の中で暮らし，生活する支えの場づくりへと進んで
行きました．

5．運動で入所施設をつくる　「君らしく僕らしく」

1）障害の重い仲間たちの暮らし

　2003年からは，当時のグループホームでは支援することが困難
な仲間の暮らしの支援が課題になります．台所とリビング，お風呂，
トイレは共有となるグループホームはルールが増え，障害が重くな
るほど利用しづらくなります．自閉性障害でコーヒーにこだわりの
強い谷川雄一さんがグループホームで生活していました．夜は職員
2人体制で1人は谷川さんを支援をしていました．谷川さんが他の
利用者が飲むコーヒーが気になり，飲み干したりこぼしたりするこ
とがありました．職員はその行動を止めようとするのですが，行動
はよけい強迫的なものになっていきます．また，いっしょに生活し
ている仲間たちも，谷川さんが飲み物へのこだわりが強くなるため，

リビングでゆっくりくつろぐことができなくなります．谷川さんは，飲み物のことが気になり，なかなか眠ることができなくなっていきます．谷川さんはグループホームの利用を断念せざるを得なくなります．谷川さんにとってグループホームは決して居心地のよい場ではなく，常に飲み物にピリピリしていたと思います．谷川さんのように，「いもの子」にいる多くの自閉性障害で一定の行動障害のある仲間たちは，家族の献身的な努力によって生活が支えられていました．職員体制の薄いグループホームでは，谷川さんの生活を支えることはできませんでした．このことを契機に「いもの子」は，職員が集団で暮らしを支援できる入所施設を切望していったのです．

　その当時，国は「真に必要な施設」しかつくらないとしていました．入所施設からグループホームへという流れが進められ，入所施設を否定することでもありました．

　「ささえる会」では，2000年以降「行動障害の人たちが，利用できる入所施設を建設してください」という要望を，毎年川越市に提出してきました．川越市からは「重度者のために入所施設づくりは必要．協力する」という回答を得ていました．

2）障害のある人の施設を地域の財産に

　2002（平成14）年に寿町に第2デイケアいもの子が生まれ，それ以後入所施設づくりが焦点になっていきます．5番目に候補に挙がった建設用地が候補地に決まりました．農地法の関係や，排水の処理，地主の理解，そして周辺の地域に住んでいる方々の理解で決まります．笠幡の川越いもの子作業所の前に建設することとなり，条件は整いました．

　施設は障害のある人たちが主人公の場です．地域の中に受け入れられるのではなく，地域の財産であることが必要です．極言すれば，地域が必要だからつくるものでなければならないと思います．この笠幡で生まれた入所施設は，自治会長の「こういう施設は必要なんだから」という理解があり，そして地域の方々の理解の上に生まれ

ていきました．もちろん，障害のある人たちが，当たり前に地域の中で暮らしていく法律が整備されていない時代の中で，「いもの子」が大切にしてきた「いもの子の原点」なのです．

「いもの子」は，施設づくりを進める中で，3回の地域住民からの建設反対を受け，そのうち2回は事業を断念しました．事業は断念しましたが，場所を変更したり，事業を現状のまま維持したり，分散させるなどしてきました．しかし，仲間の働く場や，暮らしの場を広げることを断念したり縮小することなく，むしろ発展の方向に進んでいます．

そして，この笠幡でも，入所施設ができることで，不安をもち反対する人たちがいました．施設建設に対する住民の反対は，自治会の役員の方々が賛成であっても，反対する人たちが主張する不安のほうが勝ってしまうのが，それまでの「いもの子」の経験でした．施設の候補地が二転三転することはよくあります．しかし，この笠幡の入所施設は，川越手をつなぐ育成会や，川越法律事務所，西部診療所の賛同をいただき，賛成署名が2万人近く集まり，そして反対する人たちとの話し合いの機会をもち，建設の同意を得たのです．しこりを残さず，開所式を迎えることができました．そして，50人の障害のある人たちが暮らす施設となりましたが，同時に周辺地域の人たちが生活支援員として，あるいは厨房で働く施設にもなりました．もっともっと地域の財産になる努力を，施設の側が積極的に進めていくことが必要です．

入所施設ができる時，周辺の小学校と養護学校から施設の名前を募集しました．いちごハイツ，フリージアホーム，さくらハイツ，よつばハウス，コスモスハイツ，なでしこハウスというかわいい名前を，各ユニットに名づけました．仲間たちは，この施設を「いもの子アパート」と呼び，自分の家具やテレビ，ベッドなど自分の財産を持ち，「君らしく，僕らしく」生まれ育った川越で暮らしを築こうとしています．

6. 重度の仲間たちの働く場，暮らしの場を支えてきたもの

1) 皆の郷をささえる会（旧名：川越いもの子作業所をささえる会）

「皆の郷をささえる会」（以下，「ささえる会」）は，「川越市民の会」に結集していた家族が集まり，1986（昭和61）年2月に誕生しました．「川越市民の会」に集まった父母，教員，ボランティアを中心に月に一度の障害者水泳会，障害児のみんなで元気に遊ぶ会，障害者夏の合宿を通して交流を深めていきます．そして行政に対し，障害児保育の拡充，教育権の保障，在宅福祉制度の充実，医療の充実，障害者も住みよい街づくり等々，みんなで力を合わせて障害児の生活と権利を向上させ，障害児者や家族の願いを実現させる運動を力強く進めてきました．

そして，ともに活動してきた子どもたちが高等部に進級するのに伴い，学校卒業後の働く場，生活の場としての施設が不足していること，行政施策が立ち遅れている現状に危機感をもった父母やその関係者が「ささえる会（当時「川越いもの子作業所をつくる会」）」を結成しました．そして，学校卒業後どこも行き場がなかった6人の障害者と家族，教員，市民の有志の英知を結集して川越いもの子作業所が誕生しました．

「ささえる会」は，

「川越に一人ぼっちの障害者を出さない」

「どんな重い障害者も，地域の中で働き暮らし，豊かに発達することができる社会をめざす」

「障害者も気軽に立ち寄ることができるセンター的な施設づくりをめざす」

以上3つを会活動の理念として，

（1）障害者の労働・生活の場をささえ向上させる事業活動

（2）成人期の障害者の生活と権利を守り発展させる運動

を両輪として，運動体として，みんなの力を集め，事業部，広報

部，組織部，文化学習部に分かれて活動しています．事業部では，学校や保育園でのせんべい販売，地域のイベントでの物品の販売を行っています．広報部は，1か月に1回障害者をめぐる情勢や川越いもの子作業所や「ささえる会」の取り組みをのせた機関誌「SSCいもの子」を発行し，会員・賛助会員に送っています．その数は年間1万部を超えています．組織部は，会活動を資金面で支える会員や賛助会員の募集，文化学習部は，障害者をめぐる情勢の学習会や会員の交流イベントを企画しています．また，年に1回ずつ，チャリティーコンサートやチャリティーバザーを開催しています．チャリティーコンサートは，障害者もコンサートを楽しみ，大切な資金づくりの機会にもなっています．チャリティーバザーは，川越いもの子作業所が生まれてから毎年，川越市立富士見中学校で開催されています．来場者は2,000人を超え，中学校の生徒も参加して，障害者福祉のよき理解の場となっています．また，「ささえる会」は，「川越市民の会」と共同して要望活動を行い，「障害者の重度加算」「送迎費の補助」「公園清掃の委託」「障害者青年学級の設置」「川越福祉の店の設置」「施設づくり」等々，大きな成果を生んでいます．通所施設や入所施設づくりの際には，反対運動がありましたが，みんなで日曜日に集まり，対象地域を一軒一軒回り，障害者への正しい理解を得るために説明して回ったり，2万人の施設設置への賛成署名を集める大きな力になっています．

2）将来構想委員会

（1）皆の郷の歩みについて

　「いもの子」は，日中活動の場として現在7か所の施設を運営し，200人を超える仲間が利用しています．暮らしの場としては，グループホームを7か所（35人利用）運営しています．また，生活相談及び支援の場として「のびらか」を運営し，相談件数は1か月60件となっています．また障害者の地域支援として「ほがらか」を運営し，居宅支援（移動支援含む）の登録者数は97人となっています．

「いもの子」は，無認可の時代を含めて，5年ごとに将来構想を構築してきています．

「いもの子」は，「川越いもの子作業所をつくる会」が発足して約30年間で，重度障害者の働く場を整備し，親から離れた自立の場づくりのためグループホームを7か所整備してきました．また，親子で暮らしている家庭のニーズが高かった居宅介護や移動支援について，「のびらか」において実現を図っていきました．病気の早期発見や，虫歯の治療や予防，そして，健康の維持及び自立の促進に大きな効果が上がっています．一方，重度の人はケアホームの支援体制では支えきれず，専門的な介護が受けられる入所施設が必要とされ，2008（平成20）年7月多機能型障害者支援施設「川越いもの子作業所」を開所しました．施設入所支援のほか就労移行支援事業と自立訓練事業，生活介護，ショートステイの機能をもっています．第5期の将来構想（2006年〜2010年）において，重度の仲間が親亡き後もその人らしく働き暮らすことのできる環境に一歩前進しました．

2011（平成23）年からの第6期は，「のびらか」にあった2つの機能を，ヘルパー事業・移動支援事業・サポート事業などの地域生活を支援する「障害者地域生活支援センターのびらか」と障害者やその家族の相談とサービスなど利用計画を作成する「障害者相談支援センターのびらか」に機能分化させました．グループホームでは，初めてアパートを借りてグループホームにした「第6ほくほくハウス」と，初めて補助金を得て「第7ほくほくハウス」を川越の街中（小仙波町）に建設しました．

働く場として，川越いもの子製麺が，蔵づくりの街での開店をめざし，移動販売車を利用して，うどんのお店「川越いもの子製麺元町店」を開店しました．そして，2015（平成27）年4月に川越駅西口に新設されたウエスタ川越内に就労継続支援A型事業所「カフェ＆ベーカリーどんなときも」が生まれました．第6期は，働く・暮らす・生活するそれぞれの施設機能の向上をめざしました．

現在第7期将来構想を策定し，推進を行っています．2016（平成28）年からの第7期は，働く場として第4の拠点施設をつくることが計画されています．暮らしの場は第2，第3川越いもの子作業所の拠点となるグループホームをつくることなどが計画されています．

将来構想委員会は，障害のある人とその家族のニーズに寄り添って5年ごとに社会福祉法人皆の郷の事業を計画し，推進してきているのです．

3）障害者の生活と権利を守る川越市民の会

「川越市民の会」は，川越いもの子作業所を理事長の町田とともに支えてきた，社会福祉法人皆の郷の理事の大平義次が代表を務めています．「川越市民の会」は，障害者の悩みや要求を話し合い，行政に伝えていくことを会の活動として1973（昭和48）年2月に発足しています．障害児が就学年齢に達しても学校に入学できず，就学猶予・免除を受けていたことから，完全就学を求めたり，養護学校の建設を要望して県交渉を行ってきました．障害児を受け入れる保育園を増やすことや（この頃から，埼玉大学教授で社会福祉法人皆の郷の理事の西村章次氏が学習会や相談役で参加）小学校にある学童保育室に障害児を受け入れるための指導員加配，障害児学童保育室の設置等々，運動を進めました．また，街づくりに関しては，小学校の投票所に車椅子で行くことを可能にしたり，公衆トイレの段差を解消したり，点字ブロックの設置を要望したり，川越駅の再開発事業においても，障害者に使いやすい駅になるよう，他の市民団体といっしょに運動してきました．

また，医療についても，入院費の軽減や，市立診療所を充実させ，障害児者の歯科診察ができるように，障害児者や家族が要求に基づいて集まり，行政にその要望を伝え交渉し，またある時は，署名を集めて議会や市へ提出して要望の実現を図ってきました．川越いもの子作業所を生み出す母体でもあったのです．

その後も「いもの子」は，川越市民の会に障害者・家族が結集して，

・川越駅東口のアトレビル1階に川越市が約10㎡の川越福祉の店を
　開設（他団体4万人の署名を集めて，市役所に提出する）
・市補助による重度加算と送迎費補助を実現（手をつなぐ育成会や
　他障害者団体と陳情書を議会に上げる）
・川越市初雁公園の清掃業務委託（手をつなぐ育成会と要望）
・障害者自立支援法の障害者への応益負担の軽減及び施設への支援
　策（すべての市内障害者団体と陳情）
等々の要望の実現を図ってきました．

　「いもの子」の障害者や家族は，川越市民の会に結集して，障害
者が地域の中で働き暮らすことができるよう，要望を提出し，川越
市と話し合いを行っています．

4）川越いもの子作業所実践検討会

　1997年に，第2川越いもの子作業所が開所して，専門の部屋や，
トイレやシャワー室，体位変換や部屋の移動が容易にできる天井走
行機が整備されました．7人いた車椅子の仲間たちが第2いもの子
作業所に移りました．通所施設が3か所になり，職員の人数も増え
たことから，お互いの実践を交流しようと，「川越いもの子作業所
交流会」を開くことになりました．社会福祉法人皆の郷の理事の西
村章次氏に講師をお願いしました．特に自閉性障害の仲間が多くい
たことから，「自閉性障害の仲間への取り組み」をテーマにしました．
各施設から，仲間と取り組む中で，困っていること，成果があった
ことをレポートにして提出しました．重い行動障害のある仲間の取
り組みが出され，缶プレスや糸のこを操作する仲間，封入れ作業で
シーラー機を使う仲間，おせんべいの袋にラベルを貼る仲間等々の
実践を出しながら，道具を操作して仕事に向かい，作業に気持ちが
向き，道具を操作する主人公に成長する仲間の姿が浮かび出てきま
した．仲間に機械や道具を保障し，操作する主人公になる大切さを
この時期に知ります．また，グループホーム「ほくほくハウス」が
できてからは，暮らしの取り組みも発表されるようになり，みぬま

福祉会から，当時「太陽の里」施設長だった高橋孝雄さんに講師をお願いしました．そして実践交流会が10回を数える頃には，3つの分科会となり，第1分科会が「高い工賃を目指す取り組み」，第2分科会が「暮らす」，第3分科会が「自閉性障害をもつ仲間の取り組み」となりました．この分科会は，東京コロニーのスマイル社会復帰センターの今西康二氏に講師をお願いしています．おせんべい，木工作業，うどん製麺作業，紙すき，リサイクル作業，委託作業等々，「障害者の高い工賃収入を目指して」，その成果や課題を討議するようになりました．

　現在は，第1分科会「発達について」，第2分科会「自閉性障害を考える」，第3分科会「くらす」，第4分科会「はたらく」，第5分科会「相談と支援」，特に第5分科会は障害者相談支援センターが生まれ，支援センターと他の作業所やヘルパーなどが連携してその人の生活をどのように向上させていったかという分科会となりました．

　検討会の中で，西村章次氏は「いもの子作業所の仲間たちの様子を通して，『いもの子』で障害をもつ方々が，障害の状態が重かろうと，繊細で豊かな心をもち，人との関係を求め，心に夢を抱き，恋心を抱き，その人生において，この4つの時期（発達心理学者 E.H. エリクソンがいう人生にまたがる4つの課題：青年期，成人期初期，成人期，成熟期）を経て，大人になっていることに気づかされています」と語っています．障害の重い仲間たちが，働き暮らす中で，大人として成長していく環境をどうつくっていくのか私たちの実践が問われていると思います．働き暮らす中で仲間たちの生活の質を見つめ，向上させていく取り組みが求められています．

5）川越市障害者福祉施設連絡協議会

　1995（平成7）年に川越市知的障害者福祉施設連絡会という川越市内の障害者福祉施設の集まりが生まれます．川越市の今福にある知的障害者入所施設の親愛学園（現，川越親愛センター）の施設長をしていた戸口正夫さんから，施設の集まりをつくろうと私へ提案

がありました．川越市には障害者団体はありましたが，福祉施設の集まる団体はなく，それぞれの施設が独自の方針で活動していました．戸口さんは，前職は川越市の福祉部部長だった人で，当時，私は川越市民の会の事務局長として，対市交渉では対峙している側にいた人でした．戸口さんから会則案づくりを任されました．会の目的は「施設の機能を通して障害者の生活と権利を向上させていくことを目的とする」となりました．1997年から川越いもの子作業所が事務局施設となり，2000年から「川越市障害者福祉施設連絡協議会」となります．この会は4つの委員会からなり，学習委員会は地域の先駆的な事例や，その時々の福祉や障害者をめぐる情勢を学ぶ研修会の開催，文化委員会は施設利用者が川越市民会館に集まり，数人の障害者の主張とコンサートを楽しむ「利用者交流会」の企画・開催，授産活動委員会は，川越市や民間企業から施設への仕事の受注の窓口になり，官公需には施設同士の共同受注を進める，総務委員会は，川越市内の施設職員の交流を図る職員懇親会を企画し，川越市内の障害者施設にアンケートを行い政策要望を集め，政策提言書を作成し，市と障害者施設との話し合いを進めています．利用者交流会の会場や設備の使用料に補助が付くようになり，施設の利用者が集い楽しめる交流会になっています．川越市が施設の自主製品カタログを発行し，施設への官公需が飛躍的に伸びています．また，川越市独自の重度障害者への加算補助や，グループホーム利用者への家賃補助（安定化補助）が維持されています．障害者福祉施設の全体の底上げのために連絡会が機能するとともに，施設利用者の地域生活の向上をめざしているのです．

6）川越市青年学級の取り組み

　1990年の頃から，川越市民の会の要望書に「成人の障害者の青年学級を作ってください」という要望が出るようになります．理事長の町田からの要望でした．軽度の知的障害のある次男の大和さんが，卒業後友だちと集うこともなく，企業と自宅の行き帰りだけの

生活でよいのだろうか．かといって彼らが連絡を取りながら交流するのも難しい．公民館が主体となって「障害者青年学級を開催して欲しい」というものでした．当時町田は「学校では寄り道をしないで家に帰るように言われていたが，それだけでは働くことの意欲にはつながらない．仕事が終わってから彼らが集う場所や，彼らに合った講座や趣味活動の場が欲しい．むしろ仕事が終わった後の寄り道の場を豊かにして欲しい」という母親の願いでした．1993年10月のことでした．ビリヤードと屋上にはバッティングセンターがある場所に集まり第1回目の青年学級が開催されます．大和さんとその友だちのKさん，そして長く在宅で暮らしていたHさん他13人が集まりました．回を重ねてその実践を川越市に要望し，1995年に中央公民館の事業となりました．現在川越市には，3つの公民館と川越市総合福祉センターと4か所で障害者青年学級が開催されています．公民館事業では，2015年度には758人の利用者がいて，354人のボランティアが協力し，市の職員も103人参加しています．そこまで発展してきた青年学級ですが，希望者は年々増え続け，新しい学級の設置が望まれ，ボランティアの確保も切実な課題になっています．

　ボランティアとして「いもの子」の職員もずっと関わり，その担い手の中心にいるのが「いもの子」の職員である菊田聡史です（川越いもの子作業所給食センター長）．菊田は今も青年学級の企画を支え，理事長の町田もボランティアで参加しながら，その取り組みを支えています．「いもの子」の実践の中に，働くことと暮らすことの取り組みに加えて，この青年学級のような成人期の寄り道の場づくりも大切なものになっていました．

7）実践・事業・運動そして理念・要求・将来構想
　職員は，成人期の発達保障に視点を置き，障害のある人が主人公として働き暮らすことをめざし，実践検討会で常に学習や実践の振り返りを行いながら実践してきました．そして，障害者の家族が中

心となって「ささえる会」に結集し，無認可の時代は運営費の不足分を物品販売やコンサート・バザー，そして会員を集めて，補填してきました．施設づくりでは，募金活動で法人の事業を支え，施設経営の独立をめざしてきたのです．

　一方で，障害者やその家族の要望に寄り添い，その要望をまとめて行政に対して請願書や陳情書を提出してきました．毎年障害者に関わる制度の改善を求める要望書に基づき交渉を続けてきたのです．「実践」「事業」「運動」のスタイルを確立し，継続してきました．

　そして，「川越市に不本意な一人ぼっちの障害者を出さない」「障害者が働き，暮らすことを通して，発達・成長できる社会をめざす」「障害のある人が気軽に立ち寄ることができる，地域のセンター的な施設づくりをめざす」という開設以来の理念を継承し，どの時代も障害者やその家族に寄り添い，その要求（ニーズ）を集約してきました．そしてその要求を基にして，無認可時代から施設経営の安定を願って法人化をめざし，また，働く場が増えるにしたがってグループホームを設置し，入所施設（現在は，障害者支援施設）を建設したように，5年ごとに将来構想を策定してきました．

　川越いも子作業所の重度の仲間たちの働く場，暮らしの場の実践は，実践・事業・運動を継続しながら，理念の継承・要求の把握・将来構想策定と実施の3つの方法を循環させつつ，活動を積み上げてきた賜であるのです．

7．最後に　みんなのねがい
　　それは突然やってきた　「障害者自立支援法違憲訴訟」

1）障害者自立支援法で音を立てて崩されたもの
　入所施設の建設許可が下りたのは2006（平成18）年，障害者自立支援法（以下，自立支援法）が施行された年でした．自立支援法は，その前年の2月に国会上程され，7月にいったんは廃案になったものの，10月に可決成立しました．自立支援法は，介護保険との統

合を視野に入れながら，給付を訓練等給付と介護給付に分け，障害のある人たちの長い人生を，訓練か，自立か，介護かに振り分けるひどいものでした．人間は，それぞれの人生の主人公として生きているのですが，自立支援法は，障害程度区分（現在は障害支援区分）という枠の中で生き方が量られるようになりました．人間の生き方ではなく，その人が障害程度区分1であるか区分6であるかが，人を見る物差しになってしまいました．市役所のワーカーや相談員も，福祉の職員もその物差しに翻弄されていきました．あるワーカーは動き回る自閉性障害のある利用者を見て，もっと障害が軽いのではないかと，食堂のガラス越しから職員の介助で食事する姿をのぞいていました．言葉でのやりとりだけでは信用できなかったのだと思います．介護認定79項目を基礎にした障害程度区分の聞き取り項目では，この人の自閉性障害によるこだわり行動や多動，20年間在宅になっていたゆえの，精神的なストレスやいつの間にかいなくなってしまう行動を障害程度区分に盛り込むことは，困難でした．どうしても，障害が軽い人のように捉えられていました．

　また，利用者負担軽減制度を利用するためには，財産確認が厳しくなり，本人がどれだけの預金を持っているのか，自立支援法の利用の手続きに，銀行の通帳の写しが必要になりました．福祉を利用するのに財産を提示しなければ利用できないことになり，家族は，辛い思いで，銀行の通帳を市役所に持参していました．

　自立支援法施行の当初は，仲間たちは作業所で1万5千円の工賃をもらい，そして，施設に食費込みの3万円近い額の利用料を支払うという，それまで考えられないことが起こりました．他市から通ってきていたある仲間は，作業所を利用するのに交通費がかかり，食費，作業所を利用する時にかかる応益負担で3万円を超える負担になることから，働く意味がないと，この法の施行前に，「いもの子」を去り，近くの無認可施設に移りました．第2川越いもの子作業所で働き，ほくほくハウスで暮らす下地義和さんのお母さんは，「息子が小さい時の子育てで散々苦労して，そして作業所づくり運動に

希望をつないで活動してきたが，何で今になってこんな苦労を背負わされなければならないのか．人権を無視した法律だ」と当時語っています．グループホームに暮らし，作業所の工賃が上がっていけば，年金と工賃で経済的な自立も夢じゃないと思っていた障害のある仲間がいました．職員もそんな夢をもっていました．障害者，家族そして職員でつくってきた地域での働く場や暮らしの場が，ガラガラと音を立てて崩れていくようでした．

当時，こんな歌を作りました．

「それは突然やってきた」

1．どんなに僕が　がんばったとしても
　　君は道をふさいで　通せんぼ
　　やっとここまで　来れたというのに
　　また　もどらなければ　ならないのか
　　ただ呆然と　立ち尽くすだけ

2．しあわせを僕が　つかんだとしても
　　君はそれを平気で　奪っていく
　　やっとここまで　来れたというのに
　　何の意味もないと　いうことなのか
　　ただ呆然と　立ち尽くすだけ

君はそれでいいのか　君さえしあわせならば
君はそれでいいのか　君だけ生き残れば

この歌は30分ほどでできてしまいました．悲しい気持ちで絶望を歌にするのはとても簡単です．

自立支援法は，障害のある当事者不在のまま，財政先にありきですぐに決まったのです．

私は，絶望の淵にいたのですが，仲間たちはリヤカーを引っ張ってアルミ缶を集めたり，糸のこを動かし動物マグネットを切り出したり，紙すきをしたり，せんべいを焼いたり，常に前を向いていました．自立支援法ができても，越生町にあるグループホームに住み，電動車椅子で電車に乗り，第2川越いもの子作業所に通う平澤さんの姿から，「うつむかないよ，ぼくたちは」という歌も自立支援法への抵抗ソングとして生まれました．

「うつむかないよ，ぼくたちは」

1　よるがあけて　カーテンごしに
　　とりのこえがひびき　ぼくのあさははじまる
　　ふるいくつを　はこからだして
　　あしをとおしたときに　ぼくのたびははじまる

　　　かぜがふいて　くもがながれ　あめがじめんをながしていった
　　　たとえいまが　くるしくても　うつむかないよ　ぼくたちは
　　　なくさないで　きみのなかの　たくましさを　なくさないで
　　　なくさないで　きみのなかの　たくましさを　なくさないで

2　えきにむかう　ひとのむれの
　　ながれにのってはしる　ぼくはいまいきている
　　かいさつぬけて　ホームにおりたち
　　でんしゃにのりこんでいく　ぼくはいまいきている

かぜがふいて　くもがながれ　あめがじめんをながし
ていった
たとえいまが　くるしくても　うつむかないよ　ぼく
たち
なくさないで　きみのなかの　たくましさを　なくさ
ないで
なくさないで　きみのなかの　たくましさを　なくさ
ないで

2）原告として堂々と連帯し闘った人たち

　そして，2009（平成21）年柳沢民さんと下地義和さんが，障害ゆ
えに必要な福祉制度を利用して応益負担を支払うことは，憲法に違
反しているとして，応益負担不払いの申請を川越市に行い，それ
が受理されず，県に不服申請を行いそれも却下され，市，県，国を
訴えて障害者自立支援法違憲訴訟を起こします．全国では72人が，
そして埼玉では12人が訴訟の原告となりました．民さんも下地さ
んもさいたま地裁の法廷に3〜4回立ちました．作業所が開所した
当初，あんなに人見知りで場所見知りだった民さんが，正装をして
裁判長を見つめていました．障害のある人を抜きにして，国の都合
でできた法律に，民さんと下地さんは堂々と司法の場で，闘ってい
ました．最終弁論の日の民さんは，傍聴者で埋まった法廷の中で，
弁護士が民さんの暮らしと働くこと，そして応益負担に代表される
この法律の非人間性を述べている中で，しっかりその視線を裁判長
に向けていました．民さんは，重度の知的障害がありますが，原告
として堂々と裁判に向かっていました．今まで民さんに関わってき
たお母さんたちや職員，関係者にとっても，「民さんは今みんなが，
連帯し闘っていることがわかっているんだ」と感心していたのが印
象的でした．
　裁判は2010（平成22）年の4月に和解し，民さんは雨が降ってい
たにもかかわらず晴れ晴れとした表情で，法廷から外へ出てきまし

た．民さんと下地さんは自立支援法で人格を傷つけられた人たちのためにも裁判で闘いました．民さんと下地さんの人生のストーリーに，みんなのため，自分のために頑張る大人としての1ページが刻まれた瞬間でした．民さんも，下地さんも仲間の中でアルミ缶回収やせんべいの焼き作業で働き，そして入所施設やケアホームで暮らしてきた確信によって，悪法にみんなと立ち向かい連帯していく力が培われたのだと思いました．川越いもの子作業所の無認可時代，作業部屋の中に入れず，ベランダに積んだ木を投げていた民さんではありませんでした．

　自立支援法はその後軽減策が図られ，2013（平成25）年の8月までに，自立支援法を廃止し新たな法律をつくることを政府は約束しました．裁判での和解を通して，障がい者制度改革推進会議や総合福祉部会，差別禁止部会が設置されました．その後障害者基本法が改正され，自立支援法は，「障害者総合支援法」に変わりました．2016（平成28）年には障害者差別解消法が施行されました．

　「いもの子」は，常に障害者やその家族の思いを確認し，自分たちで解決できることと，行政にお願いすること，そして法律や制度をつくることを確認し，みんなで運動してきました．

　そして，それらの思いを歌に託したり，作った商品を売りながら地域の人たちに伝えてきました．これからは，もっともっと障害者の思いや願いを，歌や絵，製品そしてもろもろなものに託して地域や社会の人たちに伝えていきたいと思います．そのためにも，地域の中に障害者の働く場や暮らしの場，そして生活の場が増えていくことを願って止みません．

　障害をもって生きること．それはいつも不安と対峙しています．しかし，そこに働く場があり，居住の場があり，忌憚なく話せる仲間たちがいて，生活の質の向上が実感できることが大切だと思います．心に夢を抱き，生活の質の向上に見通しや思いをもてるような，そんな取り組みを進めたいと思います．そんな川越の街になったらいいなと思います．

第1章 「いもの子」の活動理念と形成プロセス 73

　1人の願いをみんなの願いに．「いもの子」は歌に託して，物に託して，人に託して，そして社会に託して障害の重い仲間たちも「川越ここがわたしの街」と安心して言えるように，そんな願いをこれからも発信していきたいと思います．

「川越ここがわたしの街」

この街で　暮らせることを　くらし続けることを
いつだって　思っていた　朝の光が　2階の窓をさす
午前6時　時の鐘が鳴る　バス通りお菓子屋の角
カバンを抱えた君を　見つけては手を振った　アアアアー

この街で　暮らせることを
くらし続けることを　君だって　信じていた
見上げた空は　どこまでも青く
午後0時　時の鐘が鳴る
蔵造り　屋根の上では
けやきの葉が揺れ　光った
二人の未来（あす）　輝いていた　アアアアー

この街で　暮らせることを
くらし続けることを　今だって　思っている
ふくらんだ雲　屋根の上流れ
午後3時　時の鐘が鳴る
二人別れた　銀行の前
その時もまた　会うことに
くりかえし　約束した　アアアアー

午後6時　時の鐘が鳴る

まつりばやし　遠く聞こえる
君の顔　君のすがた
さがしている　風の中　アアアアー

川越ここが私の街　川越ここが君の街
ここで　暮らせることを　くらし続けることを
いつまでも　いつまでも　いつまでも

（大畠　宗宏）

第2章
「いもの子」の「つくり運動」の軌跡
障害のある息子とともに30年

ささえる会の活動

① 街頭カンパ活動と寄付金募集
② 障害者や家族の願いを
　 行政に届ける活動
③ 事業活動の企画
④ チャリティーバザー、
　 チャリティーコンサートの企画
⑤ 賛助会員の募集
⑥ 広報いもの子だよりの発行
⑦ 福祉や制度に関する学習

はじめに

1987（昭和62）年無認可から始まった川越いもの子作業所も30年が経ちました．

「いもの子」が生まれた頃，障害児学校高等部の卒業生の進路は一部の人にしか保障されず，特に重度の障害のある人は，在宅にならざるを得ませんでした．「在宅にはしたくない」「重い障害があっても働くことを通してわが子に発達保障を」と願った親たちの熱い思いが，「いもの子」を誕生させたのです．

親たちは，何もわからない中での子育て，就学の問題から進路保障の問題といろいろな壁にぶつかってきました．そのたびに同じ立場の親たちや当時の養護学校（現在は特別支援学校，本章では当時の名称で記述する）の教員たちとたゆまず，あきらめず知恵を出し合い，力を合わせ活動してきました．そして，家族と職員が力を合わせて，いもの子作業所づくりを始めました．

「いもの子」の活動には終わりがなく，無認可の作業所から認可施設へ，そしてグループホームの立ち上げを経て，障害の重い人たちのための入所施設づくり……次々に必要なものをつくり続け，地域からも多くの支援を得るようになり，川越の地にしっかりと根を張った活動となっていったのです．

一方，30年の間に川越市内でも作業所が増え，どこの作業所を利用するか選別の時代になり，また2006（平成18）年に施行された「障害者自立支援法」（2013年4月から障害者総合支援法）の影響も受け，「作業所で働く」から「作業所を利用する」という認識に変わりつつあります．

いもの子作業所の設立当初の家族たちは，還暦を越え次の世代にバトンを渡す時を迎えています．困難で厳しい時でも，みんなで支え合い障害のある人とその家族の願いを実現するために，運動を起こし，必要な物はつくり続けてきた歴史は何だったのか，今，見つめ直す時ともいえます．

本稿では，1人の母親として私のたどってきた道のりを記しつつ，「いもの子」のさらなる発展を願い，作業所の運営・活動を支える財源づくり，地域づくりの取り組みを明らかにし，「いもの子」の「つくり運動」の軌跡を記していきたいと思います．

1．私の歩み

1）貧しいけれど豊かな子ども時代

私はいもの子作業所から車で西に30分ほどの小さな町で農家の長女として生まれました．

祖父母，父母，弟，妹2人の8人家族，そして近くにはおじ，おば，いとこたちが暮らし，牛，やぎ，うさぎ，にわとり，犬，猫など，いつもいつも人の声や動物の息吹のある中で育ちました．1960（昭和35）年頃までは，農業も家事もすべて人の手によりましたので，小学校4年生ともなると農作業に忙しい父母に代わって夕食の仕度などを一手にこなしていました．祖父母といっしょにラジオから流れる浪曲や落語を聴いていたこと，少女雑誌を読みふけり，よく父親に怒られていたことなども思い出されます．

そして昔も今も変わらない制服に憧れ，川越の女子高校へ入学しました．それまでの9年間は1学年45名，クラス替えもなくのんびり過してきた私には，1学年400名，それも近隣の精鋭揃いという高校では溺れてしまいそうでした．しかし，女子高という自由でのびやかな校風は私の精神を育み，特に現代社会の講義は魅力的で，ここで初めて民主主義のほんとうの意味を知りました．

保母さん志望だったので進学したかったのですが，「弟妹もいるので経済的に支援しきれない」という父親の言葉で断念．農業だけでは現金収入が少なく，冬には出稼ぎに出るぎりぎりの時代でした．私自身は，いつも周りに人がいて動物がいて，川や畑があって，家族としての役割があり，1年の中に「ハレ（晴れ，特別な日）」と「ケ（褻，普段の日）」がある生活で，貧しさを感じずに育ちました．あ

る意味豊かな時代だったのかもしれません.

1964(昭和39)年東京オリンピックの年に就職. ビルの屋上から見上げた空に五輪のマークが大きく拡がってゆくのを見ていました. 新幹線が走り, 家電製品があっという間に各家庭に浸透し,「列島改造論」が叫ばれ, 便利な生活に変化していきました. 初任給13,700円, 時計も洋服も靴もすべて月賦で買わなければ生活できない, でも何かが開けていくようなキラキラした期待のもてる時代でした.

そして知人に商売を始めたばかりという夫を紹介され, 結婚. 夫の両親との同居生活が始まりました. 今思うと舅, 姑との暮らしは未熟な私にとって, 言葉の使い方, 人との付き合い方や寛容と諦観など世間を学ぶ場でした. よく衝突していましたから……

2）子育て

1968(昭和43)年12月待望の長男（詠司）誕生. とてもうれしかったのを覚えています. 毎日毎日が無我夢中の子育てでしたが, 姑の手助けや助言は心強い味方でした.

そして生後10か月で大発作. ひきつけたままの息子を抱きしめ, 死なないで欲しいと天にも祈る思いで病院へ駆け込みました. 何度も何度も入退院を繰り返し, 発作はなぜ治まらないのだろう, 息子は育つのだろうかと思うこともしばしばでした. 1歳7か月でやっと歩き始め, 親の欲は限りなく, 次はオムツがとれたらと思うもののあきらめかけていた3歳の夏, 突然自分からオマルを使った時は「ヤッター」という感じでした.

仕事の都合で川越に転居, 商店街の一角の店舗併用住宅でドアを開けると目の前が道路, 多動な息子から目が離せず, 追いかけ回すのに必死でした. 体が疲れていたのでしょう, 一度の流産を経て次男（大和）誕生. 次男をいつも背中か脇に抱えて長男の後を追っていました. みかねた姑と妹の手助けで何とか乗り越えましたが, 次男も生後8か月でひきつけを起こし, 私たち夫婦は言葉を失いました.

長男は5歳になり川越市立あけぼの児童園に通園できることになりました．児童園とはいえ今までまったく行き場のなかった子たちの施設で，18歳の子も在園しているという状況でしたが，ここで彼は集団生活の一歩を踏み出すことになりました．

3）就学運動へ

　義務教育……この言葉のもつ意味を噛みしめたのは，養護学校の入学説明会で「希望者全員入学することはできません」と言われた時です．学齢を迎えれば1年生になる，それは当たり前と思っていたのですが，1968年生まれの息子に教育の門が開かれていないことは衝撃でした．そして県立川越養護学校の金澤昌敏先生（現在は第2川越いもの子作業所所長）たちの声掛けで厳寒の校門に集まり，17時から埼玉県庁で行われる教育権保障を求める交渉に再三向かいました．

　「この子は生涯学校の門をくぐらず15歳になってしまいます．この子に義務教育を」と訴えるお母さんの声．母から離されて泣き叫びながら保育室へ向う次男の声など，障害児をもったことの辛さや悲しさが会議室に広がっていました．

4）児童施設ところざわ学園入所に

　こうして川越養護学校に入学，新たなスタートでした．しかし，10時にスクールバスに乗せ，14時には帰って来る，水，土曜日はこれより1～2時間短縮という親子とも気忙しい生活を送る中，長男がこのまま大人になった時「洋服を着る，ご飯を食べる，風呂に入る」という生活の中で，1人でできないことが多すぎることが気になり始めたのです．まず生活習慣を身に付けさせなければ……と児童施設を探し始めました．加えて，あまりに多動な長男の育児で，次男をどう育てたのか記憶に残らないほどでしたので，やっと障害児保育を受けられることになった次男に少し向き合いたいと願いました．私の力では2人の障害児は育てきれない……と思ったのです．

障害のある子は「しょっ宝」といって大切に育てなければという思いをもつ姑には「たいへんだから捨てるのか」と猛反対されましたが，周囲の応援もあり一歩踏み出しました．

　長男を児童施設ところざわ学園に入所させた日，寂しい顔をしていた私を夫が映画に誘ってくれました．スクリーンに向かった時，私は8年間も映画を観なかった……ということに気づいたのです．「授かった子どもが障害児」で何の知識も知恵もない人間が突然障害児の親になったのですから，育てることに精一杯だったのです．

　1週間経った土曜日に迎えに行った私に飛びこんできた息子を見て，「私でなくてもこの子は育っていけるんだ」とズシリと感じました．それでも児童施設だけの生活は閉鎖的に感じ，所沢養護学校への転校を希望したのですが，養護学校は義務教育となっていない時代で，転校は却下されました．

　その後学園の後押しもあり3か月後に所沢養護学校へ転校，次男も小学校に入学し，各々の生活が始まりました．親としては，障害のある2人の子にいろいろな経験を積ませよう……と休日は一所懸命遊びました．川遊びで深みにはまった息子を助けようと母子で溺れ，釣人に助けられ，命を救うためにはと一念発起した私はプール教室に，また，発作が間遠（まどお）になってきたので冬の遊びをと，草津白根山からボートに乗せてスキー板を履いた父親が滑降してくるなど……子どもたちが大きくなって重くなる頃には本人がリフトに乗りたい一心でスキー板をつけて，2人ともよく頑張っていました．「何かをしたい」という気持ちが生まれ，とてもよい刺激になりました．

　また，発作のたびに筋力が落ちることを少しでもカバーしようと，秩父の山々へハイキング，雲取山や八ヶ岳連峰へは盲学校の塩田先生，ろう学校の小沢先生，すみれ保育園の成田さんを初め多くの人を巻き込んで「遊び虫」というサークルをつくり，毎年2泊3日の登山．息子は，木の枝が気になってはじきはじき行くので時間がかかり，雲取山へ登った時は追い抜いてゆく登山者に，遭難すると困るので必ず行きますからと，山小屋への伝言を頼むほどでした．八ヶ

岳へは地元の歌手高橋べんさんも何回か同行し，山頂でみんなで大きな声で合唱，楽しいひと時でした．

　今思うと無鉄砲で危険なこともたくさんありました．また，姑も含め家族5人，国内はもちろん海外へも足をのばしましたが，てんかん発作が起きる場合も想定し，主治医の治療書を持参し，旅行会社からは長時間の機内で困ったことがあったらと彼の障害の説明書を添付してくれる等，一歩踏み出すごとに多くの人に助けられました．海外で思うのは，息子たちに1人の人として向き合う大人がとても多いことでした．ことあるごとに日本では「親は何をしているのだ」という目で見られてきましたので，なぜかリラックスできました．

　また，馬にはとても興味があり，高さが怖くないかと思うのですが，馬場を1周する時は「どうだ」というような，それはそれは得意気な表情です．馬が彼に寄り添ってくれているのでしょうか．

2.いもの子作業所づくりへの道

1）障害者の生活と権利を守る川越市民の会へ

　1970年代の中頃，「障害者の生活と権利を守る川越市民の会」（以下，川越市民の会）に出会いました．会員になって右も左もわからず参加した障害者水泳クラブ（障泳会）で毎月1回与野市温水プールに，その後は水上公園の温水プールになり，午前中泳いだ後はみんなでお弁当を広げ，ゲームをして楽しみました．また「みんなで元気に遊ぶ会」に参加して，多くのお母さんたちと知り合いました．わが子の障害で悩み，あちこちで打たれてきたお母さんたちでした．

　この障泳会の集大成が年に一度の「夏の合宿」です．この合宿には大人の障害者も参加し，私と同年代の肢体障害の阪さんのボランティアとして，阪さんの施設での暮らしぶりを垣間見ることができました．施設のサイクルではなく，自分の意志で自分らしく暮らしたいという彼女の気持ちは理解できるのですが，1970年代ではま

だ制度が追いついていませんでした．自分らしい暮らしを求めて施設を出たいと願う彼女の気持ちがよくわかりました．また，40代のＫさんには「生まれて初めて温泉に入ったよ」と言われ，とても驚きました．私たちにとって当たり前のことが，当たり前でない障害者って何なのだろうと思いました．一方息子は2人とも各々のボランティアがつき，私とは2泊3日別々に過ごせることで，お互いに快適だったかもしれません．

　この2泊3日の合宿は盲ろう養護学校の教師，障害児，その父母，障害者，学生ボランティアといろいろな人たちが，多い時で200人も参加しました．食事，入浴に始まりプール，ハイキング，交流会，講師を招いての学習会など，盛りだくさんの内容で，さまざまな障害児者と知り合い，障害や学校を超えてお母さんたちと語り合うよい機会でした．

　障害の軽重に関係なく障害ゆえの生きづらさを抱えていることも学びました．買い物に出かけておつりをもらうためにわが子の手を離して迷子にし，お巡りさんに叱られることなど日常茶飯事な多動な息子に悩む私でしたが，Ａさんが，「大丈夫，大人になればうちの子みたいに落ち着くよ」と肩を叩かれ，ほんとうにそうなるのだろうかと思いながらも希望をもったものでした．

　一方，川越市民の会で毎年行われる対市交渉では，私たちの抱えている困難さ，個人では解決できないことなどを声として上げられること，上げなければならないことも知りました．少し権利意識に目覚めたようです．

2）障害児をもつ母の会　いもの子作業所をつくる会へ

　障泳会やみんなで元気に遊ぶ会などで毎月顔を合わせていた私たちは，母の会をつくってわが子のことを社会に広めていこう．1人では辛いけれど，みんなでならということになりました．

　この頃は特殊学級（現，特別支援学級）や普通学級に席を置き，市内2校に配置された情緒学級に，親の送迎で通級して時限教育を

受け，他は親学級に戻るという仕組みでした．障害があるからこそ安定した環境が必要なのにです．加えてプール，社会科見学，修学旅行などは父兄同伴，親子でたいへんな思いをしている人たちがいました．息子のことがほっと一段落した分，この子たちにとっての教育とは何かを考えざるを得ませんでした．この現状の理不尽さについて，川越市民の会で対市交渉を重ねました．その一方で，同級生やそのお父さん，お母さんたちに私たちの子どもの障害を知ってもらおう，わかってもらおうと小学校の体育館を借りて統合保育実践の16mm試写会，西村章次先生（埼玉大学），茂木俊彦先生（都立大学・首都大学東京，2015年没），清水寛先生（埼玉大学）たちの講演会などを開催し，父母や一般の方々に呼びかけてきました．

　この運動を続ける中で，高等部卒業後のことが課題となってきました．各々危惧していることは，私たちの子どもは障害が重いのでどこにも行く場はないだろう……ということです．当時は，作業所の数は少なく公立や親の会の運営で，通所の条件が，身辺自立ができる人とハードルが高く，重度の人，手のかかる人はお断りの状態でした．卒業後のことは自分たちで何とかしなければと漠然と感じていました．私は児童施設で暮らす長男を養護学校卒業後，手元に引きとり，学んだことを社会で，作業所でチャレンジさせたいと思っていました．そこへ学園が1年前倒しで閉鎖することになり，高等部3年は自宅から所沢養護学校まで通学することになり，土日以外は学園にお任せだった生活が一変したのです．

　毎日いっしょに暮らすようになって，思いがけないことがたくさんありました．人混みに入ると彼のほうから迷子にならないように手をつなぎ，家の中で退屈してくると菓子屋横丁までぐるりと1人で散歩に行き，お店に入り込むことなく帰ってくるのです．以前では考えられないほど，安心して暮らせるようになりました．一方学園の仲間から学習したシャツの糸引きは際限なく，どんなシャツも1日でシャーリング状態となり，これにはいまだ困っています．母の会では息子を最初の利用者として1988（昭和63）年4月開所をめ

ざしてと話し合う中で,

- ・18歳まで苦労してきたのだから最初から入所施設に
- ・大学に行かせると思って建設費はもちあいで出そう
- ・肢体重複の人とは,自閉はいっしょにはやれない(加害者となり被害者となる)

等々意見が錯綜し,10年間ともに歩んできた人たちと袂を分かちました.残された私たちは新規蒔き直しとなったのです.でも作業所をつくろう,働くことを中心にすえてとの思いは変わりませんでした.重度障害者が働くという概念がほとんどない時代でしたから,親からも「わが子が働くことができるのだろうか」という声はついて回っていました.

3)突然の開所に向けて

息子より1年先に卒業する柳沢民さんがどこにも行く場がないことが1986(昭和61)年10月になってはっきりしました.

「一人ぼっちの在宅障害者を出さない」

という大きな理念を掲げた私たちにとって正念場でした.1人のためにという意見はありましたが,掲げた理念にお母さんたちの気持ちが引き戻され,大平義次さん(川越市民の会代表,盲学校教師)大畠宗宏さん(現,川越いもの子作業所所長)にリードされながら一歩を踏み出しました.

まず開所にあたっては,無認可の作業所の制度を利用したいと福祉部との話し合いをもちました.これは楽しかったです.「実績のない団体には認めません」と一言で却下.実績を求められるということは新規は一切認めないということでした.さらに当時の川越市内の施設は重度の障害者はお断りでしたので,自分たちで始めるほかありませんでした.私たちは発奮しました.重ね重ねて助役交渉へ,やっと4月から作業所を認めるとの回答を得ました.それからの4か月間は学童保育の職員をしながら,作業所づくりをめざしていた大畠さんを中心として職員探し,加えて利用希望の仲間探しで

した．在宅者への訪問は，私たち母親にとって在宅とはどういうことなのかを考えさせられる経験でした．24時間，365日親の都合に合わせて，自宅で暮らさざるを得ない人たちでした．彼らが大人として自分の人生や暮らしの主人公になれるのはいつ，どこでなのか，せっかく学校で学んでもその経験が生かされることなく失っていくのがみえた，辛い経験でした．

中でも作業所の場所探しは困難をきわめました．社会の経済が好況の時は私たちが利用できる，希望するような場はなかなか見つかりません．困りに困っていた時に利用者の知人の方が貸してくださることになり，1987（昭和62）年3月やっと準備が整い，川越いもの子作業所と命名したのです．

4)「つくる会」から「ささえる会」へ

私たちは，開所にあたり実践は専門家である職員が，経営は「ささえる会」でと役割を明確にしました．どの親もわが子をより多くみて欲しいとの願いは古今東西変わらず，なまじ親が入ると作業所の活動が歪んでしまうとの思いがありました．そうではなく職員が仲間を社会人として，大人として関わる働く場を願いました．

その分「ささえる会」はたいへんでした．無認可の作業所の補助金だけでは重度，最重度者ばかりのいもの子作業所はやっていかれません．職員配置基準の7人の障害者に1人の職員では絶対に無理で，しかも，自力通所できないので送迎が必要でした．開所したばかりの4月から運営委員会は紛糾しました．3〜4時間の会議は当たり前，夜8時からの役員会は12時を超えることもしばしばでした．次男は祖母と留守番でしたが，長男は祖母では難しくいつもいっしょでした．私の傍らでシャツの糸ぬきをしたり持参のジグソーパズルなどで辛抱強く付き合ってくれました．息子の将来に関わることとはいえ，まだ学生でしたがよく我慢してくれました．

一方20余名の母親たちの作業所への期待は大きく，市内の保育園，小学校，中学校，高校まですべて網羅して，毎月おせんべい，

Tシャツ，トレーナーを販売して回りました．私は息子が所沢養護学校に通学していたので，息子といっしょに所沢まで出かけました．何でこんなにあちこちと訪ねるのだろうと思ったことでしょうね．

しかし，どんなに頑張って動いても重度者の多い無認可作業所では限界があり，認可施設をめざさなければ……と考えるようになりました．その頃通所授産施設づくりの自己資金は5千万円といわれていましたので，大平さんの声掛けで自己資金づくりのためのバザーに取り組み始めたのです．献品してくださるところはどこだろう……チラシ，ポスター等々……喧々諤々，夜もふけるのを忘れての会議でした．職員も父母も夢中で前に進んでいました．

翌年には息子も入所し，「働こう障害者も……」と頭では考えていた私でしたが，4月の給料日に息子がカバンから初任給を私に放った時には「あーこの人も働けるんだ」と母として感激したものです．

また，ある日の会議中「息子といっしょだとゆっくりコンサートも楽しめないんだよね」のつぶやきから，「自分たちでコンサートを開こう」に発展したのです．コンサートを楽しみ，仲間からのメッセージも伝え，そして自己資金づくりにも……と小さなつぶやきが一石三鳥にもなりました．息子も音楽は好きなのですが，「静かに」が苦手．でもこのコンサートは親子でのびのびと楽しめ，また，東京のコンサートになかなか出かけられない私たちにとって，1枚1枚チケットを販売した満席の会館で歌手（上條恒彦，イルカ，五輪真弓，ダカーポ……等々）の思いのこもった歌を身近に聴くことができるのはとっても幸せです．

5）たびたび勃発する反対運動

1年を通して物品販売，街頭でのカンパ活動，コンサート，バザーの開催，市内で開かれる数々のイベントへの参加など，会員たちは席の暖まる間もなく，わが子を引き連れての運動に奔走しました．そんな中で，認可施設建設地の近隣から建設反対の声が上がったの

です．反対の声はこだまのように響きわたります．

「地価が下がる」「遠くの山の中か田んぼの中に」「娘が襲われる」「賛成すると村八分になる」

全国どこでも聞かれる言葉でしょうが，これを面と向かって言われると涙がこぼれます．いもの子作業所建設時に，デイケアいもの子建て替え時に……何度も反対運動に遭遇しました．

この反対運動の最たるものは2005（平成17)年に準備を始めた入所施設建設でした．あろうことか反対の会の意を受けた市議会議員さんが仲介に入り，

・現行の道路（市道)は使わないこと
・施設は平屋とし南側棟は声のもれないようペアガラスに
・周囲2メートル高の塀を設置
・不安事例の時の連絡体制を
・施設と民家に監視システムの設置
・工事に対し反対の会と協議

このような誓約書を福祉部長，議員立会のもと反対の会と取り交わしたのです．行政職員や議員の役割は何なのでしょう．どう考えてもこれは息子たち障害者に浴びせられた声でした．加えて施設建設には反対運動が起こりやすいことを鑑みて，地域住民の賛成（同意書)を得るようにという行政の指導が，火に油を注ぐのではないのでしょうか．人の働く場や住む家をつくるのになぜ同意書を求めなければならないのか．障害者の人権はどこで守られるものなのでしょう．

反対運動が起こると毎週親も職員も2人1組になって各戸訪問をして説明に歩きます．これはほんとうに辛く息子がいなければ投げ出したいほど苦しいことでした．私自身もかなり傷つくのです．わが子が，この街で生きてゆくことを否定されているようなものですから……でも作業所から帰ってきて家の中にドンと構える息子を見ていると「まっいいか．よし明日こそ」と思って，また頑張るのですからおもしろいものです．

6）3千円1万人運動から2万人運動へ

　反対運動を乗り越えると次は資金の問題です．いもの子作業所は重度障害者が多いため恒常的な運営費不足でしたので，毎年変わらず事業活動を続け，バザー・コンサートの収益は施設建設の自己資金として積み立ててはいますが，資金不足です．最初に建てたいもの子作業所は3千万円不足でした．

　「利用する人が出す」

　「出せない人はどうする」

　堂々めぐりの話し合いの中，この大問題は母親だけでなく父親にも参加してもらい話し合いました．そこで「1人3千円の寄付を1万人の人に声掛けて集めよう！」と決定．こうして会員は年間を通して，親族から近隣から，そして最後は街中をローラー作戦で回りました．

　「身内には頼めない」

　「友人をなくしてしまう」

　「3千円の声は掛けられない」などの声が上がります．

　そしてローラーで街を回ると，「こっちがもらいたいくらいだよ」は当たり前で，「いもの子はいつも金がないんだね」「行政がしてくれるんだろう」などさまざまな声が返ってきます．

　一方で，協力してくださる方がいるのはうれしいことでした．ことに，「いもの子」の仲間がリヤカーを引いて街中を缶回収に歩いている姿を見た方の協力が大でした．何といっても当事者の力だったと思います．缶回収といえば，作業所で働くうちにどこに出かけても空缶が目に付くようになり，旅行に行っても空缶を拾う息子がいました．棄てる場所がない時手渡された親は困ったものです．

　こうした3千円1万人運動のお母さんたちの動きは社会福祉法人皆の郷の理事であった武州ガス会長，原氏を動かし後援会が生まれ，毎年多くの寄付が寄せられているのはありがたいことです．

　入所施設の資金づくりにあたっては，金額も大きいため今まで以

上にささえる会の会合を開き，話し合いを重ねました．「親亡き後の問題」が少し軽くなることをめざして不安でいるより，安心を創ろうと地域に走り出したのです．お母さんたちが当事者として動くことが社会を変える第一歩なのでしょう．ある意味，お母さんは障害者の広報マンかもしれません．

　施設建設のための資金づくりではいろいろ学ばされました．息子は重度知的障害のためお金の使い方を知りません．次男も障害があるため，両親亡き後は公的機関に頼ることでしょう．私は息子たちが安心して当たり前に暮らしていくことを願って，障害年金をコツコツと貯えてきました．しかし，彼らにはお金を残すことより社会資源の充実をめざすことが，より生きたお金の使い道なのではと思っています．

7）請願運動を

　施設づくりを展開してくる中で，制度として必要と思うことがたくさんありました．一民間施設だけではどんなに頑張っても重度障害者の問題は解決できません．重度障害者を抱えた家族がその資金づくりのためになぜ街中を駆けめぐらなければならないのか，認可施設になっても運営が苦しいのはなぜなのか，なぜ市の施設利用者には送迎バス等の通所支援を行いながら民間の施設利用者へは広げてくれないのか，などの疑問です．そこで，

・施設建設に対して土地の確保と建設費の補助
・重度加算の創設
・送迎費の補助

といった請願を行っています．

　この行動で市議会議員一人ひとりに説明に歩きました．障害者の実態を知る人は少なく，すべての議員を訪問することで請願は採択され，目的は達せられました．ある議員からは「なぜあんたたちはせっかく制度化されたタクシー券を使わないのだ」とただされましたが，重度障害者を抱えるお母さんたちにとって，自家用車が必需

品であり，制度と実態にギャップがあることも伝えています．

　今，「いもの子」は入所施設利用者にも移動支援事業の利用を……と要望しています．しかし，議会にも行政にも当たり前の暮らしを保障する視点がなくペンディングという困った状態です．

　この30年間，要望書や請願書は他の障害者団体と連名で何回も提出していますが，なかなか弱者の立場に配慮した制度になっていきません．

おわりに

　息子はデイケア「いもの子」から笠幡のいもの子作業所へ，そして第2川越いもの子作業所でのおせんべいの仕事へと移動しました．また，グループホームほくほくハウスの1期生から入所施設へと彼の30年間は仕事も暮らしもいろいろと変化しています．

　作業所で働くようになって両手をしっかり使うようになり，グループホームで暮らすようになってからは，周囲の空気を読みとって行動するようにもなりました．まるで後ろに耳がついているようです．グループホームで暮らすまでは，土，日はもとより夜の会議に遅くまで付き合ってもらわざるを得ませんでした．「ゴメンネ」と思いながらも，姑には預けきれず仕事で忙しい父親は無理，とどうにもなりませんでしたが，グループホームに入居し，彼が親に惑わされない生活が始められた時はほんとうにうれしかったです．

　私たちは保育園も学校も作業所もない，ないないづくしからのスタートでした．行動を起こさない限り，何も始まらなかったのです．幸いだったのは障害児を連れたお母さんたちが周りにいたことです．大平さんに背中を押されて踏み出しましたが，1トンのトラックに2トンの荷物を積むのは無理といわれるような活動を続けてきました．それは施設長である大畠さんがお母さんの要望で動くのではなく，仲間を守る人であり，大人として仲間を見ているという確固たる姿勢が信頼できたからです．「ささえる会」には，障害のあるわが子を父親の実家に一度も連れていったことがないというAさ

んとBさん，会社には障害児だと申告できないのだというCさん，
息子は障害が重いからグループホームでは暮らせない，どうしても
入所施設が欲しいからできるまで頑張るというDさん，みんなの思
いを出せる会であったことが心地よく，私自身はいろいろ言われな
がらも頓着することなく，楽しく動いていました．

　販売活動を通じて川越市という街をくまなく歩き，バザー，コン
サート，イベントなどで多くの人に呼びかけ，踏み出してみて初め
て知ることばかりでした．ささえる会の運動は川越市という限られ
た地域の運動かもしれません．しかし，最近では「あーいもの子ね」
と言われるようにもなりました．組織が大きくなったのです．しか
し反面，施設は利用します，運動はできません，という人も増えて
います．障害児をもったことさえたいへんなことなのですから，運
動などしなくても当たり前に暮らせたらどんなによいことでしょう．

　私たちの活動は今も「いもの子には通わせたいけれど運動がある
から嫌」と言われるほど，たいへんさもありました．お母さんたち
それぞれの摩擦はたくさんあり，泣いたり笑ったりは日常茶飯事で
した．それでもみんなが素の自分をさらけ出してわが子と自分を
しっかり見つめていたのです．それが「いもの子」にいれば安心と
いう願いを実現しました．

　今30年経つ中で世代交代が進んでいます．障害者運動のあり方も
よいものは残しながら新しいものを取り入れてゆくことが求められ
るでしょう．基本である「障害のあるわが子や仲間」を中心にして！

＜追記＞
　いつもわが家族の……そしていもの子運動の核でもあった長男詠
二が2015（平成27）年11月永眠しました．言葉に出せぬほどの喪
失感を抱えた日々ですが，「いもの子」の歴史の中で「彼は終生，
重い障害のある人も生まれ育った街で働きそして暮らす当たり前の
ことを追求した開拓者（パイオニア）」でした．

（町田　初枝）

第3章
地域に根ざした「いもの子」の実践

カフェ&ベーカリー
どんなときも

うどんづくり

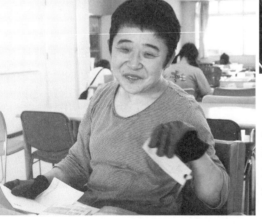

上　入所施設くつろぎの時間
左上　グループホーム食事風景
左下　リサイクル作業
右　重度障害のある人の働く様子

I. 「働く」
障害の重い人から働く場を

1.「働く」を自分のものに

1) 3年間のアルバイト経験

　私が「いもの子」に入職したのは2000（平成12)年4月，「いもの子」入職前は大学生でした．大学に入る前は3年間アルバイトをしていて，この3年間のアルバイト経験が，私自身の「働く」ということに対する考え方に決定的な影響を与えました．

　私は埼玉県内の卒業生の99％が進学する公立学校に通いました．しかし，高校3年になっても勉強する意欲が湧かず，友人たちが受験に追われる中，何もせずに気が付いたら高校を卒業していました．ずっと家にいるわけにもいかず，アルバイトをしようと思ったのですが，その頃の私はすっかり人間嫌いで，できるだけ人と接することが少なそうな仕事を探しました．そして，ある大手スーパーの配送センターでの仕分けの仕事に就きました．

　大きな倉庫で，毎日ひっきりなしに大型トラックが運んできた商品を各支店ごとに機械や人力で仕分けする仕事でした．生鮮食品を除いた，ありとあらゆるものを取り扱っていて，膨大な量でした．倉庫はエアコンもなく，夏場は常に室温は40度近く，冬場はコンクリートの床から痛むような冷気が襲ってきました．とにかく，機械の音と埃と汗の臭いが真っ先に浮かんでくる記憶です．

　機械が仕分けられない大型の商品（たとえ商品そのものは小さくても，箱が大きい場合がほとんど）は人力で仕分けします．字が読めて，体力があれば誰にでもできる仕事でした．契約社員とアルバイトが中心で，いわゆる「正職」は現場にはいませんでした．

暗く，陰気な職場でした．朝，出勤して「おはよう」とあいさつを交わすこともなく，誰もが機械の部品の1つになって，重い商品の箱を右から左へと動かし，仲のよくなったアルバイト同士が休憩時間に冗談を交わすくらいで，それ以外ではほとんど会話もありませんでした．

2）乾いた職場の中でできた友だち

そこで働き始めてショックだったことは，一人ひとりが自分のことしか考えていない働き方だったことでした．朝，職場に行くと特に指示はないものの担当する支店が何となく決まります．日によっては，自分が担当する支店の商品がものすごい量になることもあり，作業が間に合わず機械が止まることもあり，これを1人で仕分けるのはたいへんです．明らかにその人がアップアップ状態で，周りの人たちは暇そうでも誰も助けないんです．さすがに機械が止まってしまうと，全体に支障が出るので誰かが手伝いますが，そうならない限りは，お前の仕事だろと言わんばかりに，手をこまねいて見ているのです．それが職場の雰囲気，暗黙の了解で，私もただ黙って見ていました．もちろん自分が，その大量発注に出会っても誰も助けになんか来ません．

このような働き方を続けていて，やりがいなんて一度だって感じたことはなく，給料をもらい，その何割かを家に入れ，好きなものを買って生きていました．将来の夢も何一つなく，仕事が楽しいなんてこれっぽっちも思ったことはありませんでした．お金を稼がなきゃ生きていけない，それが私の「働く」に対する考え方のすべてでした．もちろんそれだって立派な労働ですが，当時の私は，自分の人生が静かに埃に埋もれていくような感覚にとらわれ，空虚で満たされない思いが強く，もっともっと「自分が生きている」「生きている意味がある」と感じられる主体的な何かを求めていたのだと思います．

当時私は孤独を感じていました．高校の頃の友だちとは音信不通，

家族との会話もほとんどなく，職場でも会話がなく，誰とも話さずに生きていました．

　お互いを大切にできない乾いた職場環境でも，長く働いていると毎日会う人がいます．年齢が近い人もいて，何となく言葉を交わすうちに，いわゆる友だちができていきます．その友だちが担当する支店に大量の商品が届くと，自然に助けに行きます．私がたいへんな時には友だちが助けに来てくれて，ほんとにありがたいなーと心から思うわけです．

３）仲間意識が芽生えていく

　自分の中で何かスイッチが入って，それ以来，たいへんそうになっている同僚がいると，何を置いても助けに行くようにしました．普段，お互いにあいさつもしないような関係だから，黙って助けるのです．周りは，ただ見ているだけですが，構わずに前を横切って助けに行くのです．「誰かのため」という理由ではなく，ただ「自分がこう働きたい」という理由で，体が自然に動いていました．

　おもしろいもので，周りも私がたいへんな時に黙って助けに来るようになり，目が合うから「ありがとう」「ああ」なんて言葉を交わす．段々と人間関係が広がっていきました．ある日，パートのおばさんたちが「最近，ここの雰囲気変わったよね．明るくなった」と話しているのを聞いて，手応えを感じました．言葉を交わすようになると，お互いのことを語り合うようになっていきました．私くらいの年齢で，体が大きくて髪を金髪に染めている人がいて，近寄りがたかったのですが，ある日「小倉さんは高校出ているんでしょう」なんて聞いてくるのです．私が「ええ，まあ」と答えると，「俺は高校行ったけど，教師ぶん殴って辞めちゃったんですよ」と自分のことを話し出し，ポツリと「もう一度高校行こうかな……」なんて……

　「俺なんて中卒だぜ」という人，大学を出たものの仕事がうまくいかず，流れ流れてこの職場でずっとアルバイトで働いている人，

みんなそれぞれいろいろな思いや人生史があって，それぞれ孤独を感じながら働いていたんです．語り合っていると，お互いに仲間意識が強くなって，安心できる人間関係が育っていきました．朝も「おはよう」とあいさつするようになりました．

4）人の人生に寄り添える仕事がしたい

　ある日，50代の契約社員の人が私たち若い連中を誘ってスナックに連れて行ってくれました．長年この職場で働いていたようですが，あまり話したことはありませんでした．いっしょにお酒を飲みながら，「俺にも，生きていればお前たちくらいの息子がいたんだよ」と語り出しました．それは誰もが初めて聞く話でした．「白血病で死んじゃってね．腕のいい大工だったんだよ．いつか親父の家を建ててやるからな，なんて言っててね……」と語るその人の話を聞きながら，私は人の人生の圧倒的なストーリーに飲み込まれていました．職場では，そういったストーリーを誰もがもっていました．今の仕事に満足しているわけではない，でも……と，みんなが自分の人生や仕事に対する思いを語るのです．

　当たり前ですが，誰にだって人生があり，その人の生きてきた歴史があります．機械音と埃と汗の臭いしかないような職場であっても，そこに働く人たちには人生があって，それぞれの思いがあります．「働く」とはそれらも含めて「働く」で，そこから切り離された労働は空虚なもので，人生の中で，労働を捉えることが大事なんじゃないか，私は私なりに「働く」を自分のものにしたい，自分の人生の中で充実した活動にしたいと，漠然と感じ始めていました．「福祉の仕事がしたい」と思ったのは，もっと人の人生に寄り添える仕事がしたいと考えたからでした．

　その後，改めて勉強するために大学受験することを同僚に告げ，大学で社会福祉を学んだ後，私は「いもの子」に就職しました．就職して現在17年目で，16年間作業所の職員です．16年間でさまざまなことを学びましたが，やはり私自身の過去の体験が実践に影響

していると強く感じています.

　何よりも意識しているのは,「『働く』を自分のものに」ということです. 障害のある仲間たちが, 自分らしく力を発揮しながら, その労働を自分のものにしていく. いっしょに働く仲間たちとの関係やさまざまな経験の中から自分自身を伸ばす力を育み, 人生を豊かにしていくことを大切にしたいと思っています.

　障害のある仲間たちの労働を, 仲間たちとともに築いてきた「いもの子」の実践は, 答が「ズバリ」とあるものではなく, 常に迷いと研鑽の繰り返しです.「いもの子」の30年間の到達点として, 障害のある人の「働く」を支援するということを, 私の経験も交えながら伝えたいと思います.

2. 働きたい！
　　障害のある人にとっての働くことの意味

　人はなぜ働くのでしょう. 障害のある人にとって, 働くということはどのような意味があるのでしょうか.

　「いもの子」では, 作業所ごとに仲間の自治会があります. 毎年, 仲間たちは意見を出し合い,作業所への要望書づくりをしています. その内容は, 仕事のことや文化活動, 時には「職員さんはもっと仲間の話を聞いて欲しい」といった耳の痛い要望まで多岐にわたります. その要望の中で, 真っ先に仲間たちが挙げてくるのが「もっとお給料が欲しい」という願いです. 一所懸命働いたらお給料をいっぱいもらいたい, そのお給料で好きなものを買ったり, いろいろなところに出かけたい……要望書についての自治会と職員との話し合いでは, 仲間たちの想いが溢れています.

　第3川越いもの子作業所寿町事業所では, 仲間たちに働くことについてのアンケートをしたことがあります.「何のために仕事をしていますか」という質問では「おもしろいから」「病気の治療だと思っている」といった回答もありますが, やはり「お給料をもらう

ため」「生活するため」という回答が多くありました．しかし，「働くことに対してどんな願いをもっていますか」と質問を少し変えてみると，若い頃はホームレスをしていたこともあった還暦の男性は「お給料がもらえて，土日の一服が何ともいえず幸せです．1日の終わりにやったなあと思える充実感をもてることが幸せ．幸せを求めています」と答えてくれました．

学生の時にはほとんど不登校だった女性は「学校は不登校だったけど，働くようになって毎日，作業所に通えるようになって，いろいろなことができるようになり，自分に自信が付いた．（自分が）すごく変われた．友だちができた」と，うれしそうに語ってくれました．

ただお金を稼いで生計を立てるだけでなく，自分の生活が充実していくことや，自分が成長できる喜びを感じられること，友だちができること等，「働く」ということがたくさんの意味をもっていることが，仲間たちの言葉からわかります．

「いもの子」は30年の実践の積み重ねの中で，「働く」ことの意味を次のように捉えてきました．1つは「お金を稼ぐ．生計を立てる労働」，2つ目は「やりがい，生きがいを保障する労働」，3つ目に「その人を取り巻く環境・社会に働きかけ，つながっていく労働」です．そして働くことを通して，その人がその人らしく輝き，力を育んで，その人の人生を豊かにしていく．労働を保障するということは，発達を保障することなのです．

重い障害があると，お金の概念や，生計を立てるといった認識をもたない人もいます．また，医療的ケアが必要で生命を守ることを優先に考えなければならない人たちもいます．「重い障害のある人たちが，働く必要はないのではないか」という声を聞くことがありますが，私たちの労働保障とはいわゆる「働く」という一般的な概念に，新たな価値を加えるものです．戦後の日本社会において，重度重複障害のある子どもたちと向き合い，先駆的な実践を行ったびわこ学園の糸賀一雄さんの著書に次のような記述があります．

「この子らはどんなに重い障害をもっていても，だれととりかえることもできない個性的な自己実現をしているものなのである．人間とうまれて，その人なりの人間となっていくのである．その自己実現こそが創造であり，生産である．私たちのねがいは，重症な障害をもったこの子たちも，立派な生産者であるということを，認めあえる社会をつくろうということである.」(『福祉の思想』NHK 出版，1967)

　重い障害があるから「働けない」ではなく，重い障害があっても，「働きかける」力をもっているという視点です．その力はどんなに小さくても，何かを生み出す可能性があり，それはその人のやりがいや生きがいになって，その人の中に新たな力を育みます．新たな価値とは，その人の成長，環境や社会に働きかける力そのものを「働く」というかけがえのない生産活動として捉えていくことです．

　重い障害があっても，仲間たちの「働きたい！」という声は，時に声にならない「働きかけ」となって，確実に私たちの胸に響いてきます．その声に応えることが，私たち支援員の仕事です．その活動がお金になっているかどうかだけでは，唯物的すぎます．私たちは，仲間たち一人ひとりの「働きたい！」という思いに応えながら，その人の発達を保障していくのです．その活動全体を「働く」と捉えようと．仲間の「働きたい！」に応えていくために……

3．仕事に人を合わせるのではなく，人に仕事を合わせる
働く場の環境整備についての考え方と実践

1）「どうしたら」の積み重ね
　「いもの子」が産声を上げた 1987（昭和 62）年，当時 10 周年を迎えた共同作業所全国連絡会(きょうされん)が『ひろがれ共同作業所』(ぶどう社，1987)を出版しました．その本の中に「『働く』ことを中心にすえた，とりわけ，これまでは働くことなど考えもしなかった重度の障害者までを視野に入れた実践は，まず，一人ひとりの障

害者が具体的に『働ける』内容を創り出すことからスタートします．そこでは，作業工程を分解・単純化したり，自助具を工夫することなどによって，多くの重度障害者が働ける条件を生み出してきました．それはまさに『仕事に障害者を合わせる』のではなく，『障害者に合わせた仕事の創造』といったテーマの探求でもあります」と書かれています．

　そして，障害者の働く権利を保障するためには，「目的意識性をもって主体的に労働に立ち向かうという，障害者がまさに労働の主人公となること」が重要であると述べているのです．

　「いもの子」が30年間，仲間たちの「働きたい！」に応える実践を積み重ねてきたすべてにこれらの考え方があるのです．「仕事」に「人」を合わせようとすると，その障害ゆえに苦手なことが多い仲間たちは，「できないなら，あなたはいらないよ」と仕事から排除されてしまいます．通常の労働契約においては，「あなたは○○ができますか」という問いに，「はい，できます」と答えて成立します．「できない」ことが多い障害者は，仕事に就けず，結局家でじっとしているしかなくなってしまいます．

　「仕事ができない」，言い換えれば「仕事に合わせられないのだから」働けない，仕方ない，障害者なんだから働けないのは当然だ，どこにも行かず親に面倒見てもらって一生在宅で暮らすんだ……と，そのように考える人は，当時は大勢いました．

　それに対して「そうではない！」と「いもの子」は（もちろんその他の障害当事者や関連団体等も）声を上げていきました．道具や工程を工夫し，その人に合った仕事を生み出し，その人を労働の主人公にしていく，発達保障としての労働という「労働観」に基づく実践，そうした積み重ねで，障害者が生きる社会のあり方そのものを問うてきたのです．

　それが「仕事に人を合わせるのではなく，人に仕事を合わせる」という実践上の指針であり，「仕方ない」ではなく，常に「どうしたら」という視点です．重い障害のある仲間たちが，どうしたら仕事に取

第3章 地域に根ざした「いもの子」の実践　103

り組めるか,「働く」主人公になれるか,生き生きとした笑顔を見せてくれるか,1人の社会人としての権利を守られた人生を送れるか……「どうしたら」の積み重ねが,「いもの子」の30年間の実践をつくり出してきたのです.障害のある仲間たちの人権を守ろうとする高い意識と,社会そのものの「今」を変えていこうとする熱い思いがあります.

　仲間との実践に日々悩み,仲間の内面を知りたくて「どうしたら」と意見をぶつけ合っている私たち職員の日常があります.熱いなあと思います.熱い,熱い……私がこの仕事をしていて「ビビッ」としびれてしまう瞬間は,こんなところにもあります.

2)「見通し」を大事に

　第2川越いもの子作業所の包装室では,今日も仲間たちがおせんべいの包装作業に取り組んでいます.衛生管理のための青い作業着

に着替え，埃を取るエアシャワーを浴び，一人ひとりが持ち場に就き，「それでは作業を始めます」という部長の声掛けで仕事が始まります．おせんべいの分量を量る人，袋に入れる人，乾燥剤を入れる人，シーラーという機械で袋の封をする人，賞味期限を印字する人，袋のシール貼りをする人……作業に取り組む仲間たちはどの人も真剣そのもので，作業中は仕事以外の話をする人はいません．しかし，仕事が一段落し休憩時間になると，少し様子が変わります．飛んだり跳ねたり踊り始める人，「悩みがあるんだー」と事務所の職員に相談に行ったまま帰ってこない人，冗談を言い合ったり，ちょっとした悪戯をして職員の気を引いたり，にぎやかに過ごす仲間たちの姿があります．

　その仲間たちの中に「バッバー」と大きな声を出して床のゴミを拾っている人がいます．町田詠司さんです．詠司さんは重度の知的障害とてんかん発作があり，話し言葉はありませんが，「バッバー」「ヤーッ」といった声を出して，表情豊かに気持ちを伝えようとします．

　詠司さんは「いもの子」では最古参の仲間の１人で，アルミ缶回収，プレス作業，農耕作業，木工作業といろいろな仕事に取り組んできました．中でもアルミ缶プレス作業や，ボール盤を使っての木工製品の穴開けには興味をもって取り組むのですが，仕事の量が十分にない時には別の作業になります．木工製品にやすりをかける仕事は「これくらいやったら終わり」という仕事の区切りが見えにくく，気持ちがのっていませんでした．

　先の『ひろがれ共同作業所』でも，「作業工程を細分化して『部分労働』にただ黙々と参加させるだけでは，真に働く権利の保障にはならない」と書かれ，「目的意識性をもって主体的に労働に立ち向かう」ことが重要だと強調されています．「部分労働」にただ黙々と参加するのでは，機械といっしょです．「終わり」が見えることによって，「ようし，あそこまで頑張るぞ」と思えて力を発揮します．見通しをもって働くことは，人間的な姿なのです．障害のある仲間

たちにとって，「始まりと終わり」の見通しがもてる作業であることが大事です．それは量であったり，時間であったり，1つの工程であったり（例えばアルミ缶をリヤカーで回収して戻ってくる等），その人によって違います．

3）道具や工程を工夫する

　詠司さんは第2川越いもの子作業所のおせんべいの包装作業に取り組みました．包装作業はたくさんの工程があり，全部1人でやろうとすると，仲間にとって難しい工程があるので，まず作業工程を細分化します．

　詠司さんの仕事は量り終えたおせんべいを袋に入れることです．小さな袋なので，袋の大きさに合わせた漏斗を職員や仲間がセットし，漏斗の中に詠司さんがおせんべいを流し込み，乾燥剤を入れる仲間の横のカゴに置きます．仕事量も豊富で，詠司さんはリズムにのってどんどん袋におせんべいを入れていきます．仕事が流れてこないと，「ウーッ」と催促します．周りの仲間が詠司さんのペースに合わせたり，漏斗をセットするのを手伝います．

　袋へのシール貼りも詠司さんの仕事ですが，当初シールの裏紙をはがすのが苦手な詠司さんはなかなか作業に集中できず，そこで職員が道具を作りました．袋と裏紙を半分だけはがしたシールをセットし，ふたを閉じると袋にシールがくっつくという道具です．この道具を他の仲間と2人1組になって使います．仲間がシールと袋をセットすると，詠司さんがパタンとふたを閉じ，袋にシールがくっつき，残った裏紙をはがして出来上がりです．この仕事も一定のリズムにのってどんどんやれるので，詠司さんは集中して取り組んでいます．袋とシールがなくなったら「終わり」になります．

　仕事が終わると「今日も働いたなー」と詠司さんが思っているかどうかはわかりませんが，何ともゆったりとした表情でくつろいでいる姿があり，近くにいる仲間や職員を足でつついて悪戯して，それに周りが反応すると満面の笑みを見せています．仕事を通して，

いっしょに働く人との関係が育っていったのです.

　包装作業の作業工程の中にさまざまな道具の工夫があります. おせんべいを量っているのは知的障害や全盲の仲間たちです. 数字の概念がなかったり, 秤(はかり)の表示が見えないと量りの仕事はできないように思うかもしれませんが, そこは道具です. 秤が目標の数値になった時に音で教えてくれればいいのです. 秤の上にカップを載せて少しずつおせんべいを入れていくと「ピピッ」と音が鳴ります. そうしたらそのカップを隣の詠司さんに渡し, 詠司さんは漏斗をセットした袋におせんべいをザッと流し込むのです.

　また, シーラーを使って, おせんべいを入れた袋の封をするのは難しく, 袋を両手で持って, 空気が入らないように注意しながら, 足でスイッチを押します. すると機械が動いて袋に封がされます. 仲間たちはこの仕事に真剣な表情で取り組んでいきます. 難しいけれど, 挑戦しがいがある作業なのでしょう. シーラーという機械を使う仕事のおもしろさに, 仲間たちの心が引っ張られていく姿があります.

4）心が引っ張られるような「道具」を

　「いもの子」では重度の障害のある仲間たちの「働く」を支援していく上で, 「道具」を重視していて, 「いもの子」の実践の1つの特徴です.

　木工作業では糸のこで木材を切る重い自閉症の仲間, ボール盤を使って穴開けをしている仲間がいます. アルミ缶リサイクルでは, 缶プレス機で大量に缶を潰し, 「油圧プレス機」を企業から借りて, アルミ缶をブロック状に圧縮する仕事も始めました. 紙すき作業では, すいた紙の水分を吸い取るバキュームの仕事, 紙の厚さを一定にする圧縮ローラーの仕事があります.

　そういった道具に重い障害のある仲間たちが心を引っ張られていく. 「何だこれは？」と心が動かされて, 手が伸びてきて, 職員がその気持ちに寄り添って「いっしょにやってみようよ」と, 実践を

つくっていきます.

(1) 素材を変化させる道具のおもしろさ

　障害のある人を支援するための「道具」という視点に立つ時,道具は作業効率化を図ったり,「やれない」ことを「やれる」ようにするだけのものではありません.道具には実践上の3つの大切な要素があります.1つ目は,道具そのものが仲間の気持ちを引っ張るような魅力的でおもしろいものであることです.目の前にある素材を変化させ,その変化自体におもしろさがある道具を用意することです.

　アルミ缶をペシャンコに潰すプレス機や,木工製品に穴を開けるボール盤等は素材を変化させていく道具で,詠司さんが使っていたシールを貼るための道具も,素材を変化させていく要素があり,こういう仕事はおもしろいのです.

　おせんべいを少量ずつ包装する縦ピローマシンや,Tシャツに印刷するプリンター,お菓子やパンを作るためのミキサーやオーブン

……「いもの子」の作業場では，仲間たちがさまざまな道具を使用して仕事をしています．その道具を使うのを楽しみにしている仲間たちがいます．

　素材が変化するおもしろさに惹かれて仲間の手が伸びてくる時，そして仲間が真剣な表情でその道具を使い，「これおもしろいね」と笑顔を見せてくれる時，私は「やったぞー！」という気持ちでいっぱいになります．仲間たちが「やらされている」のではなく，「主体的に労働に立ち向かう」ことを追及していくために，こういった道具を見つけていくことが実践上の大きな鍵になっていると実感しています．

（２）可能性を引き出す道具

　２つ目は，その道具によって（その道具を通して）自分の力をより発揮できるものであるということです．「もっと輝きたい」「もっとカッコいい（大きな）自分を感じたい」という仲間の発達要求に応えるような道具です．

　佐藤祐一さんは筋ジストロフィーという病気があって，体の中で動かせるのは指先のみです．そこで指先だけで使えるボールマウスという道具を使って，パソコンで絵を描いています．健康維持のためにリハビリを受けたり，食事やトイレ等の介助にも時間がかかるので日中パソコンに向かえるのは，わずかな時間しかありません．それでも佐藤さんはコツコツと絵を描いて，10年間で100点以上の作品ができました．

　絵をたくさんの人たちに見て欲しいと考えた職員は，展覧会を企画しました．2013（平成25）年６月に「心に残るアート展」として展覧会を開催し，新聞やテレビでも紹介され，佐藤さんは新聞のインタビューに「僕のような障害がある人でも，パソコンを使って絵が描ける可能性があるということを伝えたい」と話していました．重い病気と向き合いながら「何で僕は生きているんだろう」「僕には死ぬ自由だってない」と職員にもらすこともあった佐藤さんです

が，パソコンを使って描いた多くの絵が，たくさんの人の目にとまり，「この絵を購入したい」という人も現れました．以前は弱気なことばかり言っていた佐藤さんが，大人の気遣いを見せ，自治会等で堂々と自分の意見を述べるようになっていきました．

佐藤さんはパソコンという道具を通して，自分を表現し，社会とつながり，生きがいを膨らませていきました．「もっと輝きたい」という願いを，パソコンという道具を通して実現させていったのです．

人は今までの自分とは違った可能性を引き出してくれそうな道具に，気持ちが引っ張られることがあるし，その道具を通して世界を違った角度から見たり，道具を使いこなしながら自分に自信を付けていくのです．

仲間たちの「もっと輝きたい」「もっとカッコいい（大きな）自分を感じたい」という発達要求に応えて，より自分の力を発揮して自分自身を輝かせてくれる道具を検討していきたいと思っています．

（3）道具を通して共感関係を築く

3つ目は，道具を通していわゆる「三項関係」注)をつくっていくことです．道具を通して，仲間と職員との共感関係を築き，新しいもの（世界）に気持ちが向かっていく発達の力を育てていくのです．

注)三項関係：生まれて間もない赤ちゃんは，人の顔や視線に興味を示し，「私とあなた」という関係が生まれ，お母さんがガラガラを振って見せると，今度はそちらに興味を示します．「私とモノ」の関係です．この「私とあなた」「私とモノ」という関係が「二項関係」です．生後9～10か月頃になると，「二項関係」から発展して，人を媒介にしてモノに興味が向かう「私とあなたとモノ」という「三項関係」が出来上がっていきます．例えば，お母さんが猫を見つけて「かわいい」とじっと見ていると，赤ちゃんもお母さんの視線を追いかけて興味をもつようになります．逆に赤ちゃんが猫を指さして，お母さんに「何かいたよ」と知らせることもできるようになります．人を通して「モノ」に気持ちが向かっていったり，逆に「モノ」を通して人との関係がより深まっていく力が育っていくのです．実践では，「道具を通して『共感関係』を築く」と言います．

「あなたといっしょにこの仕事をすると，とっても楽しいね」と仲間が感じられるような，道具を用意することが大事です．

「いもの子」では埼玉大学名誉教授の西村章次先生のもとで発達を学び，実践し，またそれを話し合ってきました．その積み重ねの中で道具における「三項関係」の重要さを位置づけてきました．

西田裕也さんは知的にも身体的にも重い障害があり，簡単な言葉遊びをする力があり，名前を呼ばれると「はい」「なんのおと？」「かあちゃん」「あーあ」等，場面や状況に応じて自分なりに意味づけた言葉を使っています．車椅子を使用していて，食事やトイレは全介助で，痰の吸引等の医療的ケアが欠かせません．

作業所に入所した当初の西田さんは，顔を手で隠してしまい，なかなかコミュニケーションが取れませんでした．体調を崩して入院することも多く，職員がいっしょにいる時間が少なかったことも背景にあります．

体調が落ち着いていっしょにいられる時間が増え，少しずつ西田さんとの言葉のやりとりが増え，職員は西田さんといっしょにシーラーの仕事に取り組み始めました．西田さんが特別支援学校時代にトイレの水を流すボタンを自分で押していたことを聞いた職員は，シーラーのスイッチを押して機械が動くことに西田さんが興味をもたないかと考えたのです．初めはシーラーのスイッチに音の出るおもちゃを仕込んだりしましたが，うまくいきませんでした．西田さんとの長期的な関わりの中で，西田さんが「なんのおと？」と聞くと，職員が「仕事の音だよ」と答えるようになりました．スイッチを押してシーラーが「カコン」と音を立てて動くと，周りの職員が「いいですねー」と声を掛けます．すると，西田さんは車椅子の上で体を突っ張らせながら喜んで「ねー！」と職員の言葉を繰り返します．そして，次の製品がセットされると，西田さんがスイッチを押し，「やったねー」と西田さんと職員でまたいっしょに盛り上がります．この時に感じ取ったことを担当の職員は次のように表現しています．

「『職員さんがうれしいと，ぼくもうれしい！』そんなＮさんの心の声が聞こえてくるようで，シーラーを押した時に『やったね！』という気持ちをＮさんと共有できることが，支援員の喜びともなっていきました.」（『2014年度社会福祉法人皆の郷実践検討会資料』より）

西田さんが仕事をすることが重要なのではなく，作業を通して西田さんの内面に目が向けられ，シーラーという道具を通した三項関係が，西田さんと職員との共感を育んでいったことが重要なのです.知らない人や，新しいモノに出会うと手で顔を隠していた西田さんが，職員との共感関係を築き，信頼できる職員を支えとし，新しいことに手を伸ばすようになり，発達の力を西田さんが獲得していったのです.そして担当職員も西田さんからたくさんの贈り物をもらっていて，三項関係には「育ち合い」があるのです.それは道具を通した心の交流です.「労働保障は発達保障である」という実践の奥深さは，こういうところにあります.

5）役割の中で
（1）その人に合った役割

下地義和さんは「いもの子」では詠司さんに続く最古参の仲間の１人です.自閉症と診断され，ある程度身辺のことはできますが，自分の気持ちを表現することは苦手です.第２川越いもの子作業所のおせんべいの製造部に所属し，最初は焼き釜のベルトコンベアにせんべい生地を並べる仕事をしていました.この仕事は，一定の速度で動いているベルトコンベアに隙間なく，重ならないように，せんべい生地を並べていきます.仲間３人１組で行われることが多く，集中力が求められます.

ある時，担当の職員が下地さんの様子がソワソワして落ち着きがなく，彼が辛い時のサインである額に手を当てていることが多いのに気づきました.そして，髪の毛が急に抜け始め，円形脱毛症と診断され，グループホームの職員からも「最近，落ち着きがなくて，

表情も暗い」と相談がありました.

　下地さんは「○○が辛いんだよ」とは教えてはくれません.でも,明らかに何かに困っていて,それがストレスとなっているようなのです.職員は下地さんの作業所での生活全般を見つめながら,作業内容に目を向けました.すると,生地を並べる作業（並べ作業）の時に,額に手を当てていることが多く,並べ作業が辛いのではないだろうかと思ったのです.

　並べ作業は,ベルトコンベアが一定の速度で動いているために,「自分のペースで」というわけにはいきません.下地さんが自分のペースでせんべい生地を並べていると,他の２人の仲間から「もっとはやく」と急かされることもありました.下地さんのペースでできて,毎日一定の量がある仕事は何だろう？　そして道具は？　と検討が始まりました.そして,「味付け」の仕事に下地さんと取り組むことにしました.「味付け」は焼きあがったせんべいを醤油ダレに一度漬け込み,手動の遠心分離機を回転させ,余分なタレを取り除く仕事です.手動なので,一定のペースで毎回同じ量だけ回転させないと,せんべいの味が変わってしまいます.この「一定のペー

せんべいの味付け作業をしている下地さん

スで，毎回同じ量だけ回転させる」のは結構難しいのです．せんべいの職人さんは「長年の経験と勘が大事」と言われ，これといった基準があるわけではないのです．これに下地さんが取り組んでみると，一定のペースで回転させ，だいたい同じ状態で回転を終了させてくれるのです．下地さんは，毎回せんべいを同じ状態にしてくれます．この回転させてタレが取り除かれていくのがおもしろく，下地さんはニコニコしながら，回転させていくんです．それ以来，下地さんはせんべいの味付け係として位置づいています．

　これはもう「下地味」とでもいうべきもので，「いもの子」のせんべいは，全部下地さんの味です．お客様が「おいしい！」って言ってくださると，下地さんはうれしそうです．下地さんのお母さんは「ウチの息子が全部味付けしているのよ！」なんて，ご近所に自慢し，みんなが自分の仕事をほめてくれて，こんなにうれしいことはありません．

　グループホームの職員からは「作業所から帰ってきて，自分の時間を好きに過ごした後，居間に来てニコニコしていることが多くなった」と連絡があり，円形脱毛症も治りました．

　下地さんはあまり話しませんが，味付け係という自分の仕事を得て自信につながりました．周りの仲間も下地さんに一目置き，「あいつは味付けという重要な仕事を担当しているんだぜ」という雰囲気が生まれました．製造部の中に下地さんの存在が，役割を通してしっかりと位置づいています．

（2）役割を果たす中で考える力を付ける
　先に登場した佐藤祐一さんは，動かせる指先を使ってパソコンを操作し，販売用のチラシを作成しています．最初は職員から指示されて作成していましたが，最近では自分でデザインを考えて，チラシを作ります．佐藤さんは年1回の仲間たちの旅行のしおり作成も担当し，どうしたら仲間たちが読みやすいか，必要な情報は何かと職員と相談しながら，パソコンを操作して作っていきます．旅行の

チラシを作る中で，佐藤さんの意識も変わっていきました．以前は自分のことを優先して話していましたが，同じ部の仲間たちを配慮する発言が増えていきました．部の代表として参加している仲間の自治会では，「作業所のこういうところが危ないから直したほうがいい」とみんなのことを考えた意見を積極的に話すようになりました．

　佐藤さんの病気は進行性なので，健康への配慮，体力維持のためのリハビリが欠かせません．職員は「健康が第一」とまず体のことを気にかけますが，佐藤さんの心がどんどん伸びていくのを感じます．パソコンの仕事や部の代表としての積み重ねは，佐藤さんの自信になり，新しい力を育んでいったようです．以前は外出についても自分の体力のことは考えなかったのですが，「○○に行きたいから，自分の体力を考えて，ここは電車で」といったように自分でパソコンで調べて，どうしたら安全に行かれるか考えるようになりました．役割を果たす中で，周りの仲間のことを考える力を付け，自分の生活について考える力に結びついていったのです．それは佐藤さんの人生にとってすごく大きなことであり，私たち職員にとっても大きな喜びです．

4. 私の仕事があなたにつながる
集団の中での育ち合い

1）バラバラだけどつながっている

　宇都宮陽さんと谷川雄一さんはともに重度の知的障害があり，自閉症と診断されています．2人は「いもの子」では同じ古紙リサイクルに取り組む作業班で活動しています．書店等で売れ残った手帳やカレンダーを紙とそれ以外のものとに分別する仕事です．宇都宮さんは自分で古い手帳や分別したものを入れる箱を用意し，種類ごとに分けながら集中して取り組んでいきます．この仕事での「見通し」は量です．自分で両手に持ってきた手帳の分別が終わったら一区切りです．仕事が終わると「たくさんできたねー」と職員と確認

します．宇都宮さんはこの仕事が大好きで，休憩時間が終わるのを待ち切れず，自分で仕事を始めることもあります．谷川さんも自分のペースで手帳を分別していきます．谷川さんは話すことがなく，表情や身振りで自分の気持ちを伝えようとします．職員が谷川さんの気持ちを汲みながらいっしょに作業をしていきます．

　宇都宮さんと谷川さんの間に会話はありません．作業もいっしょに取り組むことが多いのですが，特にお互いを意識し合っている様子は感じられませんでした．ある時，作業班みんなで森林公園に出かけました．平日の公園は人気が少なく，みんなでのんびりと散策していました．私は宇都宮さんと谷川さんといっしょでしたが，2人の歩くペースがどうも合いません．「どこまで歩くのか」というイメージをもてないと辛くなる宇都宮さんは，すぐに「ヤメル！」と言って座ってしまいます．その間に谷川さんはスタスタ行ってしまいます．すると谷川さんがこちらを見て止まって，道端の切り株を椅子にして，座って待っているのです．宇都宮さんがよっこらしょと立ち上がって，谷川さんに追いつくと，谷川さんも腰を上げて歩き出します．また，宇都宮さんが休憩すると，やっぱり待っていてくれるのです．「おや？」と私は思いました．普段はほとんどバラバラに行動している2人が，慣れない場所で，お互いを気にかけながら行動しているのです．2人の間には，お互いを拠り所とする関係が育っていたようなのです．その関係を見落としていたのは私のほうでした．

　コミュニケーションが苦手で集団から離れて1人でいる人は，他者との関係性が育っていないと考え，職員が「もっとこっちへおいでよ」と誘います．職員が「いっしょにいることがいいこと」という価値観をもっていると，その人の主体性を否定することになってしまいます．離れているけどつながっている，バラバラに見えてもお互いを気にしているのです．作業の打ち合わせの時に，1人だけぽつーんと離れて座っていても気持ちはつながっている，こういった視点が大事なのです．

そのつながりは人の心の中に何か「あったかいもの」を生み出します．その「あったかいもの」が次の発達の力になります．

2）私の仕事があなたとつながっている

　私たち職員は，そのつながりを作業工程や道具を通して，より具体的に，意図的につくっていきます.「私の仕事があなたにつながる」という関係をつくり，協働をつくります．

　川越いもの子作業所でのアルミ缶回収は，車で行くチームとリヤカーで行くチームがあり，リヤカーチームは仲間が２，３人に職員が１人という構成です．仲間は重い知的障害があり，自閉症などによる行動障害があります．普段は，あまりお互いに関わり合うことはありません（少なくともそう見えていました）．知的障害や自閉症の仲間はほとんど話さないので，関わっていないように見えたのです．

　リヤカー回収ではそれぞれ役割があり，道具はリヤカーです．重い知的障害のある仲間が，アルミ缶をリヤカーに乗せ，自閉症の仲間がポストにチラシを入れていきます．リヤカーから離れても，必ず戻ってきて，誰かが遅れると仲間を待ちます．リヤカーを拠り所にして，お互いに仕事をする仲間としてつながっています．そしてリヤカーがアルミ缶でいっぱいになると，「いっぱいになったね」とにっこり笑いながら仲間が言うのです．この「いっぱいになった」ということも大事です．リヤカーから溢れそうなくらいに集まったアルミ缶を見ながら，「たくさんやったよ．頑張ったねー」という気持ちが，いっしょに仕事をした仲間たちを包み，満足そうな，ゆったりとした表情になります．近くの公園で休憩をとる時に，お茶を仲間が配ってくれると，言葉のない仲間たちは黙って受け取るけれど，そこに「いっしょに頑張ったよね」という気持ちがあるような気がします．

　私の仕事があなたとつながっている，そのつながりがお互いの心の中に，「あったかいもの」を生み出していくのです．部分労働に

第3章　地域に根ざした「いもの子」の実践　117

携わるだけでは生まれてこない，仕事の成果やお互いの役割を振り返りながら，つくり出していく実践なのです．

5.その人の「働きかける」を地域とつなぐ
　　障害のある人の働くと地域との関係

　「こんにちはー！　おいしいいもクッキーいかがですか？」川越の住宅街に仲間たちの元気な声が響きます．一軒一軒訪問して販売する「ルート販売」は3〜5人でチームを組み，午後の作業です．仲間の1人がインターホンを押し来意を告げ，しばらくするとご婦人がお財布を片手に玄関先に出てきてくれます．
　「久しぶりねー．今日は何があるの？」そこで蟻塚洋幸さんの出番です．早速練習してきたセリフを言います．
　「川越いもクッキーはいかがですか？」
　勧められたご婦人が思わずクッキーに手を伸ばすと，すかさず別の仲間が購入用のカゴを手渡します．品物が決まると，袋に入れる仲間，お金を受け取る仲間と手分けして取り組みます．時折，うまく連携がとれずあわててしまうこともあり，チームワークはまだまだ課題です．
　最後に仲間たちが大きな声で「ありがとうございました」とあいさつし，作業所に帰って売り上げの報告をします．蟻塚さんは自分が発表できる時はウキウキです．売り上げが1万円を超えると，「今日は1万円いきましたよ！」と何とも得意げです．みんなから「すごいね，頑張ったね」と言われると，ますますうれしそうな笑顔で「売ってきました，頑張りましたよ！」という言葉が出ます．
　蟻塚さんは重度の知的障害があり，養護学校卒業後働く場がなく，蟻塚さんのお母さんが他のお母さんたちとともに現在の寿町事業所の物件を見つけ，作業所づくり運動をしたのです．蟻塚さんは2003（平成15）年の作業所開所以来，ずっと寿町事業所で働いていて，ほとんど作業所を休みません．「洋くんは作業所が好きで好き

でしょうがないのよー」と蟻塚さんのお母さんは言います。蟻塚さんは人と接することが大好きで，それを生かして販売活動をずっと続けてきました。お客さんの名前を覚えるのが早く，「○○さん！

こんにちは」と元気にあいさつをします。お客さんも蟻塚さんをすぐに覚えてくれて，「販売の元気なお兄ちゃん」と親しまれています。売り込み方もとても巧みで，「あなた商売うまいわねえ」とお客さんからほめられることもしばしばです。何度も話しかけたりして，押し売りしてしまうこともありますが，蟻塚さんが勧めるとお客さんもついつい買ってしまうようです。

販売チームの販売技術を高めるための練習は時に厳しく，「そんなあいさつじゃだめだよ」と言われることもありますが，蟻塚さんは根気よく練習に取り組みます。今売り出し中の製品，アピールポイントなどもみんなで確認します。そういうことも意識するようになったのか，製造チームに「今日もクッキーをいっぱい売ってきます」と声を掛け，新しいお店にクッキーを置かせてもらえることになった時は，「○○でも売っているんですよ」とお客さんにアピールしています。

元気いっぱいに販売活動をする蟻塚さん，川越の街中のどこにでも知り合いがいるのではないかと感じるほどお客さんが増えてきました。蟻塚さんがいない販売では「あら，あの元気なお兄ちゃん今日はいないの？」とお客さんがさびしがり，いつの間にか蟻塚さんが作業所の看板になっているのです。蟻塚さんは作業所と地域をつなぐ販売のエースです。

（1）「働きかける」こと

「働く」とは自らを取り巻く環境・社会に「働きかける」ことでもあり，重度の障害がある人の労働を支援する上で，私たちがたいへん重要であると考えている視点です。「働きかける」とは，常に自分の外界に向かっていく活動で，その行為がもたらす結果は予測不可能です。予測不可能なやりとりの中で，人は自らの環境を変化

させ，また自らの心を成長させて「自分らしさ」を生み出していきます．つまり，自己実現の過程として「働きかける」ことが必要なのです．「自己実現こそが創造であり，生産である」という糸賀一雄の人間観に基づいた「働く」という視点です．もちろん，「働きかける」だけでは人は成長できません．そこに受け止めてくれる存在があって，人は初めて成長できるのです．その成長は相互作用であり，個人のレベルでも社会のレベルでも，「働きかける」「受け止める」というやりとりが，発達の基礎になっています．

　蟻塚さんは，重度の障害のために「正確さ」を求められたり，「細かい」仕事が苦手です．寿町事業所は下請けの仕事が中心で，細かいことが苦手な蟻塚さんは失敗ばかりで，注意されて，元気をなくしてしまうのですが，人と関わるのは大好きなのです．作業所の近所の人をよく覚えていて，「こんにちは」と元気にあいさつする蟻塚さん，「人に仕事を合わせる」という原点に立ち返って，それなら人と関わる販売を中心の仕事にしていこう！　となったわけです．

　蟻塚さんが販売に携わるようになって，彼が来るのを楽しみに待っていてくれるお客さんが増え，地域のイベントに誘われるようになりました．ある高齢者施設では，「販売だけではなく，何か交流できないだろうか」と声を掛けてもらい，みんなで歌と踊りを練習して，お年寄りと楽しい時間を過ごしました．

　蟻塚さんたちの活動が地域を元気にする活動になり，蟻塚さんの自信となり，「今日も楽しかったなー，明日も頑張るぞ！」と次へのエネルギーになっていくのです．社会レベルへの働きかけによる相互作用が，お互いを元気にしているのです．これこそかけがえのない生産活動ではありませんか．

（2）宣伝・販売・営業を仲間とつくっていく
　「いもの子」が重い障害のある人の生活の場として入所施設を検討し始めたのは，2007（平成19）年のことでした．当時グループホームはありましたが，グループホームという脆弱な制度では到底重度

障害者の生活を支えていくことは困難であり，職員体制が整った生活の場が必要でした．入所施設建設には多くの困難がありましたが，私自身がもっともショックだったのは，地域の猛烈な反対運動でした．

やっとのことで見つけた建設予定地．それは現在の川越いも子作業所の隣の土地でしたが，一部の住人が「入所施設建設反対！」というのぼりを掲げ，反対署名を集めていったのです．

私は，この反対運動への取り組みで，仲間たちが「地域に打って出る」ことの必要性を強く意識することになりました．仲間たちが地域に「働きかける」仕事をつくろう，仕事を通して仲間たちを，障害者問題を社会化していこう，それは宣伝であり，販売であり，営業であると考えたのです．

第2川越いも子作業所では，仲間たちの販売の機会を増やし，売上を伸ばし，地域との交流を深めようと，作業所の駐車場で毎月1回「わくわくいも子市」を開催していきました．そしてその宣伝のためのチラシづくり，チラシ配りが仲間の仕事になりました．

コーヒーへの強いこだわりのある谷川さんは，コーヒーを飲むのは昼食時や休憩時間と決めていましたが，コーヒーが気になって，厨房や事務所に入って，時には粉のままコーヒーを口に入れてしまうこともありました．職員が谷川さんといっしょにお昼休みに散歩に出かけ，散歩をしながらチラシを配ったらどうかと話し合いました．わくわくいも子市のチラシだけではなく，仲間の活動を新聞にまとめてそれを配布したり，おせんべいの宣伝と注文書をつけて配布してみてはどうかと，検討を重ねていきました．

それは仲間たちの宣伝納品チームになり，川越市全戸配布を目標に，おせんべいのチラシを配り，注文が入ると車で納品に行く，手づくり感が溢れる仕事づくりでした．チラシを見て初めて「いも子」の存在を知り注文をしてくれた方，おせんべいがおいしいと何度も注文をしてくれた方，さまざまな人との交流が生まれました．おせんべいを届けると，お客様のサインをもらい，お金を受け取り

ます.「まるで『魔女の宅急便』のキキみたいだね」と,盛り上がりました. お客様も仲間たちからおせんべいを受け取り,言葉を掛けてくれます. それがうれしくて,納品に行くと誰が玄関のインターホンを押すか,誰が製品を渡すかで取り合いになることもありました. そして製品をお届けするだけでなく,「今度わくわくいもの子市がありますから,ぜひ遊びにきてください」「期間限定でバレンタインせんべいを販売しますよ」と営業もしてくるのです.

わくわくいもの子市も最初はお客様に来場していただけるか,不安でいっぱいでしたが,毎回企画を考えながら,みんなで楽しみながら開催していきました. 販売をする仲間は「いらっしゃいませ」と大きな声を出して呼び掛け,ポップも自分たちで作り,接客の練習もし,身だしなみもお互いにチェックし合います. もう10年近く続いており,今ではたくさんのお客様が来場されます. 親の会の活動にもなり,売上も当初の3倍近くに伸びていきました.

直接製品を作り出す・生み出すという工程ではなくて,その先の宣伝・販売・営業を仲間たちの仕事にしていったのです.「働きかける」という視点から生まれた労働保障の1つの形なのです.

（3）「働きかける」ためには……

仲間たちの「働きかける」を地域とつなげていく時に,いくつかのポイントがあります.「働きかける」ための宣伝・販売・営業というのは,言い換えれば売るための努力です. 障害のある人を支援する私たち職員が,この努力を仲間たちといっしょに行い,つくり上げていくことが大切です.

　①　品質の保障

製品を通して働きかけていく場合に,品質の保障は何よりも重要です. ヤマト福祉財団が行う経営セミナーで,「障害者施設で働いている職員には1つの神話がある. それは障害者が一所懸命作った製品は,尊く美しいという神話だ」と発言する人がいて,思わずはっとしました. 仲間たちが一所懸命作ったものだからという理由で,

品質を高める努力を怠っていないだろうか，人の善意に甘えて，品質の劣るものを押し付けていないだろうかと思ったのです．

「いもの子」では，品質の向上のためにいわゆる専門家を雇用しています．木工作業であれば，木工の専門家．せんべい作業であれば老舗のせんべい店の職人に技術指導を受けます．

例えば公園清掃の仕事でも，「障害者だからこれくらいでいいでしょ」という考えでは，労働保障にはなりません．仲間たちは自分の力を使って「働きかけて」いるのだから，その仕事の質は，仲間への技術指導，やり方，道具の検討も含めて，職員に責任があります．

② 市場に合った値段

「障害者が一所懸命作った製品は，尊く美しい」という価値感で値段が高く設定されていたり，逆に障害者がやっている仕事だからと低く設定されていないでしょうか．製品やサービスは市場に合った価格の設定がされているのかという視点が重要です．

③ 付加価値のPR（仲間たちが生み出すもの）

蟻塚さんが販売に行くと，お客様は彼を待っていてくれて，楽しそうに製品を買ってくれます．あくまで質の高いものを作り，市場に合った価格で販売する時，同じ質の同じ値段の製品が2つあった場合に，その一方の製品を「僕たちが作りました」と仲間たちがPRする時に，お客様はそこに価値を認め，製品といっしょに温かい気持ちになって購入してくれるのです．

これは仲間たちだけが生み出せる製品の付加価値であり，「働きかけ」は「受け止める」人がいて成り立つ相互作用なのです．製品を通して仲間たちが働きかける時，受け止めてくれるお客様との間に新しい価値が生まれていて，それが大事な生産物なのです．蟻塚さんは製品に自分の思いをのせて新たな価値を生産して，販売しています．仲間たちが生み出す価値を労働保障の実践の中で大事にしていきたい視点です．

④ チラシ，新聞づくり

宣伝をする時に道具となるのがチラシや新聞で，谷川さんたちと

第3章　地域に根ざした「いもの子」の実践　123

いっしょにチラシ配りを始めた時には,「川越市全戸配布」という
目標で取り組んでいきました.毎日地図を片手に歩きながらチラシ
をポストに配布していると,「何のチラシ?」と聞いてくれる人も
いて,「障害者施設です.おせんべいを作っているんですよ」と説
明をすると,「ふーん,じゃあ注文するから持ってきて」とその場
でご購入いただいたお客様もいました.当時,200 ～ 300 枚チラシ
を撒くと,1件以上の注文が入りました(1件千円以上).

　チラシを作っていく際に,効果的なチラシの作り方について検討
しました.その時に,「興味をもっている人だけが,そのチラシを
手にする」という話がありました.私たちがチラシを手に取って欲
しいお客様は,おせんべいに興味のある人か障害者福祉に興味のあ
る人なので,だから前面に働く仲間の姿やおせんべいの写真を出す
ようにしました.また,高齢の方も多いと考え,字を大きくする等
工夫をしました.その結果,地域の高齢者の方から注文が入るよう
になっていきました.

　これらは特に新しい考え方でもないのですが,確かな品質と仲間
たちが生み出す付加価値を PR していくことが,地域に働きかける
上で大切だと言いたいのです.それは地域の障害者の労働や暮らし
に目を向けてもらうきっかけともなります.宣伝は,製品を通して
仲間たちのことを社会化していく活動でもあるのです.

　宣伝・販売・営業活動を通して,仲間たちにもっと身だしなみを
きちんとしよう,言葉遣いを丁寧にしようという意識が生まれてい
きました.第3川越いもの子作業所の蟻塚さんたちは,販売の練習
をしながらお互いに「もっと丁寧に言おう」「お客さんに,押し売
りはダメだよ」と注意し合って取り組んでいます.

　社会への働きかけを通して,仲間たちの育ちがあります.また,
地域の方々も仲間たちのことを温かく迎えていただき,イベント等
へ誘っていただくことも増えました.これからも「働きかける」を
支援する視点をしっかりと位置づけていきたいと思います.

6．所得保障について考える

　「いもの子」の仲間の自治会は毎年仲間全体でアンケートをとって，作業所に対しての要望書づくりをしています．

　その要望書の内容の筆頭に来るのは「もっと給料を増やして欲しい」という願いです．さまざまな活動を通して仕事に自信をもった仲間たちが，もっと収入を増やしたいと思うのは当然のことですし，そこには自分自身の生活をより豊かにしていきたいという発達の要求も含まれているように感じられます．

　これまで障害のある人が「働く」ということについてその考え方や，支援者のあり方などを綴ってきましたが，改めて労働保障に含まれる所得保障の考え方について述べたいと思います．

1）障害者の所得保障と新たな就労施策

（1）障害者の所得の実態

　2016（平成 28）年にきょうされんが行った「障害がある人の地域生活実態調査最終報告」では，61.1％の障害者が年収 100 万円以下，81.6％の人が 112 万円の貧困線を下回る相対的貧困に置かれ，98.1％の人が年収 200 万円以下のワーキングプアと呼ばれる状態でした．この年収には障害年金等も含まれていますから，年金と給料を合わせて 100 万円以下の人が半数以上いるということです．

　年間 100 万円で人間らしい生活を送れるのですか？　ほんとうに，障害者が生きていくための所得を，働いた給料で稼ぎ出さなければならないのですか？　実態は，家族がいないと障害者の生活は成り立ちません．障害者が 40 歳，50 歳になっても，70 歳，80 歳の親に頼らなければならないのですか？

　1 人，2 人の特別な障害者の暮らしの話をしているのではないのです．日本中の障害者が貧困にあえいでいる現状があります．

（2）「いもの子」の給料と経済活動

　「いもの子」の平均工賃は１万５千円程度です．年金と合わせて月の収入は８万円から10万円弱です．入所施設で暮らしている仲間たちは，食費，光熱水費，日用品費合わせて４万８千円から５万４千円を施設に支払っています．そのため，３万２千円から４万６千円が嗜好品や被服費，趣味や家電，家具などを買うお金や，入院に備えた貯金などに充てています．

　年金の他に工賃収入があることでギリギリの生活が，嗜好品や被服費などに充てられるようになります．ある仲間は，職員の着ているＴシャツを気に入って，そこからいろいろなＴシャツを集め，洋服やおしゃれを気遣かうようになりました．また，ある人は，給料日の買い物の中で，テンガロンハットやサングラスを購入して，いつの間にかその人の姿が，渋くダンディーに決まっていたのです．消極的な印象だった人が，みんなからその姿が評価されることもあってとても明るくなったのです．個別の買い物を実現するには人手が足りないのですが，それでも春夏秋冬に着る服装の年間の購入計画を立てて実行しています．洗い古した格好ではなく，流行の服を買えていることは，「いもの子」で給料が出ていることと，経済活動への支援があって成り立っています．入所施設で経済活動への支援が行われなければ，工賃であっても親や親族に返していくことになってしまう逆の場合もあります．

　「いもの子」のグループホームの人で考えますと，グループホームの賃料と食費で約６万円の負担をしています．この場合，工賃１万５千円の人は，手元に２万円から４万円が残りますが，自由に使えるお金は入所に比べると少なくなってしまいます．経済的な活動が増えてきますと余計足りなくなってきます．入所施設の人が足りているということではありませんが，家賃が利用料に加わってくるグループホームは，より負担が大きくなります．障害の重い人たちは，いつまで経ってもこの貧困から抜け出せません．

（3）雇用施策と福祉施策の一元化と所得保障について

　福祉的な支援を受けながら働く「いもの子」の障害の重い仲間たちを見ながら，その所得保障を考えたいと思います．2008（平成20）年に出されたきょうされんの「就労・日中活動の体系についての見解」の中で，「②訓練か介護かという二分的な枠組みの問題点」で『自立支援法（現，障害者総合支援法）では，働くことができる場合は訓練を，それが困難な場合には，介護をという二者択一の事業体系となっている．前者の場合は一人ひとりの利用者が一般就労に向け生涯にわたって訓練に追い立てられることになり，後者の場合は「介護の対象なので働かなくてよい」といったように，障害の重い人などが働くことを通じて主体的，能動的に社会参加をすることの意味が薄められてしまっています．このような「訓練か介護か」という二分的な枠組みを乗り越えて，一人ひとりのニーズと障害の状況に応じて，働くことの支援と福祉的な支援の双方が適切に提供される仕組みを作るべきである』としています．

　障害者自立支援法が2006（平成18）年に施行され，自立支援法違憲訴訟と和解，基本合意を経て2013（平成25）年に障害者総合支援法へと変わりますが，雇用施策と福祉施策が二分化されている施設体系は変わっていません．きょうされんは現在の二分化された雇用施策と社会福祉施策から雇用施策と福祉施策を一元化することが不可欠であるとしました．そして，就労・日中活動の体系を，「一般就労・自営」とヨーロッパで一般化している福祉行政と雇用行政の実質的な連携に基づく，賃金補填を中核とした医療保障や人的支援なども含む総合的な施策として，「社会支援雇用（地域就労センター）」と重度の障害があるために労働が活動の中心になりにくい人たちに，自己実現や社会参加を保障する活動，集団で取り組む生産活動，生活リズムの確立やリハビリテーション，必要な医療的ケア等々を行う「デイアクティビティーセンター」を提案しています．きょうされんは，この体系のイメージ図として対角線モデルの図で説明しています（**図1**）．雇用施策と福祉施策の一元化は，人間として生活す

第3章 地域に根ざした「いもの子」の実践 127

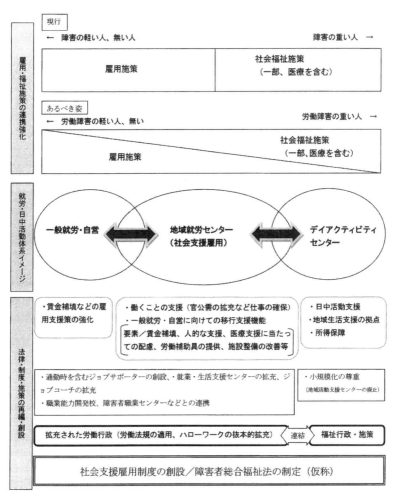

図1 障害のある人の就労・日中活動体系のイメージ図

るための所得保障のめざすべき方向を示しています．この一元化の中で，障害の重い人も労働権が保障され，障害が配慮され人的支援や医療支援を受けることが可能になります．障害の重い人が「いもの子」のような福祉支援のある通所施設で働いたとしても，賃金補

填される社会支援雇用の施策が求められます.

2）人間らしく生きるために

「いもの子」の実践を振り返り,「働く」とは何かを考える時,「働く」とは,その人に合った内容,やり方,時間を考慮され,その人の人間らしさを追求していく行為だと思うのです. 生命維持のための「労働」や「活動」ではなく,人間らしく「生きる」ために「働く」ことです.「目的意識性をもって主体的に労働に立ち向かう」中で,その仕事がその人の人生となって,その人自身を形成していく糧になるのです. 重い障害のある人たちにとって,その人のもてる力を使って「働きかける」時,それを受け止める人との相互のやりとりが,その人の内面を豊かにし,その人を生き生きとした表情に変えていきます. まさに,生きるとは働くことであると感じるのです. 重い障害があるからといって,その人を「働く」ことから遠ざけるのは間違いではないでしょうか.

私がデンマークやスウェーデンの作業所を訪れた時（2014年）に,重度の障害者はそこでは働いていませんでした. ある作業所の職員が,私たちに「日本では,重い障害の人も働いているのかい？」と尋ねました.

私たちが日本の作業所の実状を伝えますと,その職員さんは,「最近,政府の方針が変わって,重い障害のある人たちも作業所で受け止めるようにとのことなんだが,どのように仕事をつくっていったらいいのかわからない」と,ほんとうに困惑している様子でした.

日本の社会福祉・社会保障は北欧諸国と比べれば,雲泥の差があります. しかし,重い障害のある人が「働く」ことを支える実践では負けていないようです. 重い障害のある仲間たちが,仕事を通して新たな力を発揮したり,道具に引っ張られて夢中になって素敵な笑顔を見せてくれることを,私たち「いもの子」の職員は誰よりも知っています. 重い障害があってもその人の「働く」を大事にしていくことで,その人の「生きる」ことが充実していくのです.「所

得が保障されれば，重い障害のある人は働かなくていいのか」という疑問の答えはここにあります．これは「働く」という視点をもった表現活動（芸術活動）においても同じです．

3）表現活動について

「いもの子」にStudio IMO という表現活動のグループがあります．

IMO の活動は 2013 年 7 月に始まりました．仕事をやっていて強迫的になりがちな人，1 日中歩いたり，走り回って休まない人，体の緊張も強くこのままでは健康を害してしまうのではないかと心配される人，自分で歩けるけれど，移動に相当な時間がかかる人等々，作業所の既存の仕事に気持ちが向けられず，職員からすると「この人に合う仕事って何だろう」と考えさせられてしまう仲間がいます．

もっと仲間たちの「好きなこと」や「心地よいこと」「主人公になれること」に焦点をあてて仕事を見直していこうと考えました．絵画，刺子，写真，折り紙，書道等々，道具を用意し，入所支援棟の作業室 1 で始めました．室内にはクラシックの音楽をかけ，作業する人たちに合わせて机を配置しました．畳のラグも置き，ちょっと横になれるスペースを作りました．新しい環境の中で仲間たちは，筆を使い絵を描いたりして，作品づくりに取り組んでいきました．

そして，「いもの子」とは違うギャラリーで，または川越とは違う土地で，その作品の展示会をしていくのですが，仲間たちはその展示された作品を前にして，とても穏やかな顔をしていました．自分の作品を他の人に見てもらい，その人に何かしらの印象を与え感情の交流が生まれていきます．その時，仲間たちは正に「働く主人公」となり心地よさを感じています．私たちは，内面世界から外界に表現活動を通して「働きかける」姿も，「生産活動」であると考えています．

Studio IMO は展示会を企画したり，仲間の作品を，Ｔシャツや木工製品に入れて，グッズとしても販売し，仲間の活動を社会化していきます．

IMOの担当職員が「仲間の作品は『その人自身』なんですよ」と語り，ビビッとしびれたことがあります．作品の展示や製品化は，仲間自身が社会に「働きかける」ことであり，それを支援するのが私たち職員の仕事なのです．

4）高い工賃保障をめざす

「いもの子」の歴史を振り返る時，高い工賃をめざす中で，「いもの子」が成長してきたという厳然たる事実があります．

「仕事が楽しければそれでいい．お給料も少なくてもよい」ではなく，「どうしたら，障害の重い人にもより高い工賃保障ができるか」という視点でも，道具や工程を工夫して仕事をつくり，宣伝・販売・営業という形で社会に働きかけてきました．その働きかけは，社会とのつながりを生み出し，新たな職域の開拓や仕事量の増加につながりました．仕事の種別や量が増えることで，「働く」に携わる仲間がまた増えていくという素敵な循環もあります．

2015（平成27）年4月にオープンした「カフェ＆ベーカリーどん

カフェ＆ベーカリーどんなときも外観

なときも」（就労継続Ａ型）は，「いもの子ならやってくれる，成功してくれる」という地域・行政の期待もあり，公共施設の一角が「いもの子」に委託され，出店となりました．仲間が焼いたパンがお店を訪れるお客様の笑顔を増やし，お店には Studio IMO の仲間たちの絵も飾られています．

こういった仲間たちの「働きかけ」が地域の意識を変え，冷たい差別の壁を越えて，やがて仲間たちの暮らしの場の広がりにもつながっていきます．

7.働いているんだうれしいよ

仕事が人間の人格を形成する，と心から思います．私の人格は間違いなく，仕事を通して，「いもの子」でつくられました．「いもの子」ではなく，別の仕事をしていたら，私はきっと違った考え方で，違った角度から社会を見て，違った生き方をしていて，そこでつくられる人格はまったく別のものだったと思います．

私が「いもの子」に入職したのは 2000（平成 12）年 4 月 1 日で，初めに所属したのは川越いもの子作業所で，アルミ缶を回収してプレスし，納品する作業を行っていました．当時大学を卒業したばかりの私は，初めて障害のある仲間たちと出会い，日々ドキドキしながら働いていました．重度の障害のある仲間たちが，どのようにしたら生き生きと働いて 1 日を過ごしていけるのか……．当時を振り返ると未熟な私が未熟な実践で，仲間たちを困らせたこともたびたびで，後悔ばかりが思い出されます．初めの 1，2 年はあっという間に過ぎ，仕事に慣れ，仲間たちとの仕事を楽しいと感じて，もっと仲間の仕事の内容や工賃を充実させていきたいと考えるようになったのは 3，4 年してからのことでした．

入職して間もない頃，「何だろうこれは？」という不思議な感覚がありました．それはにわかには理解できない，おそらく自分がもっと勉強しなければならないことなんだろうと感じた「何か」でした．

作業所では毎朝仲間たちと歌う歌があります．それは「いもの子」

のオリジナルソングで「働いているんだうれしいよ」という曲ですが，その歌詞の内容に「ん？」と思ったのです．その歌詞は以下の通りです．

おはよー　朝だ仕事だ　んーいい気持ち
働いているんだ　うれしいよ
胸のあたりで　ずんずん音がして
涙が出るよ　ことばにならない

　働くということに対する人間の内なる感動をリズミカルに歌い上げるこの曲は，「いもの子」で働く仲間たちのテーマソングであり，多くの人に愛されてきた名曲です．しかし，当時の私は「涙が出るよ　ことばにならない」という言葉をきちんと理解できませんでした．私自身就職して「いもの子」で働いていて，アルバイト経験もありました．しかしながら，働くことに対して「涙が出る」ほどの感動を経験したことはありませんでした．働くことは当たり前だと思っていたのです．「歌詞だから，ある程度オーバーに書いてあるのだろうな」と都合よく納得していました．
　しかし，私は間違っていたのです．その後私は日々実践を積み重ねていく中で，先輩職員から「いもの子」の歴史（障害者の歴史）を学び，自分なりにおぼろげに感じとったことがありました．
　「いもの子」が誕生する前年の 1986（昭和 61）年当時，川越市は知的障害児の卒業生が 50 人を超え，重度化，重複化した卒業生は，卒業後どこにも行き場がありませんでした．「重い障害者は働くことができないので，親が一生面倒みるしかない」と言われた時代です．その中で，「どんなに重い障害をもっていても住み慣れた街で働き，暮らしていきたい」「川越市に不本意な一人ぼっちの障害者を出さない」という願いのもと，親たち，そして親たちの呼びかけに応えた支援者たちの運動を積み重ねて，川越いもの子作業所は誕生しました．

「住み慣れた街で働き，暮らしていきたい」こんな当たり前の願いを叶えるために，たくさんの努力を積み重ねなければならなかった仲間たち．その仲間たちの「働く」権利を見つめ，作業所づくりを進めてきた「いもの子」にとって，毎日元気に働く仲間たちの姿は，仲間も親もそして職員も，文字通り「涙が出るよ　ことばにならない」という思いだったに違いありません．

　そのことに思いをめぐらした時に，確かに私の胸のあたりで「ずんずん」と音がしたように感じられたのです．ああそうか，私はまだまだ勉強しなくちゃいけないんだ，もっと仲間のことを知らなくちゃいけない，仲間の障害を，歴史を，社会のあり方を．それは職員としてのほんとうのスタートを切った瞬間だったと思います．

　「一人ぼっちの障害者を出さない」という思いで，何もないところから作業所づくりをしてきた「いもの子」ですが，入社した時には社会福祉法人として30名定員の作業所が2か所とデイケア施設がすでにあった中途世代の私にとって，「いもの子」草創期の何もないところからつくり上げていく運動の力には，純粋に驚き敬服します．この運動を進めてきた親たちは，他の親と何か違った力をもっている親だったのでしょうか．この運動に参加し，人生をかけて取り組んできた先輩職員たちは特別なスーパーマンだったのでしょうか．もちろんそうではないでしょう．障害があっても働きたいんだ，それを社会が保障するんだという「働く」権利に対する強い意識です．また1人の願いをみんなの願いにして社会に訴え，つくり上げていくという民主的な運動，1つ1つ丁寧に積み重ねて，みんなで支え合って，それが今日の「いもの子」をつくってきたのだと感じられます．そして，これからも決してぶれることのない，「いもの子」の理念なのです．

（小倉　崇）

II. 暮らす

1. グループホームの広がり

　2000（平成12）年から運営を始めたグループホームですが，16年が経過し，現在7つのグループホームを運営し，35人の仲間たちが，それぞれの生活を積み重ねてきています．グループホームの仲間たちは，帰宅すると，入浴したり，居間でテレビを見たり，夕飯までの時間をのんびり過ごしています．職員が台所で食事を作っていると，仲間が寄ってきて，「ぼくが味噌汁作るよ」「卵割ろうか」など声を掛けてきたり，配膳を手伝ったり，協力して食事づくりに参加しています．食後は居間でテレビを見て過ごす仲間，今日あったことを話したり，休日の外出や外食のことを話し合ったりする仲間など，就寝までの時間がにぎやかに流れています．1つのグループホームは5〜6人という少人数のため，アットホームな雰囲気の中で仲間たちはそれぞれの生活を送っています．グループホームで

第1ほくほくハウス外観

第7ほくほくハウス外観

第 3 章　地域に根ざした「いもの子」の実践　135

暮らすことは，ただ親から離れることでなく，新しい家族を得ることかもしれません．

　休日の週末はヘルパーといっしょに，映画やスポーツ観戦，はとバスツアー，川越市総合福祉センター「オアシス」で企画されるスポーツや音楽，パソコンなどの講座，公民館が主催する障害者青年学級（月に1回運営）などに参加し，楽しんでいます．大型の連休には，近くのレストランで外食をしたり，他のグループホームの仲間とプールやカラオケに出かけます．お好み焼きやホットケーキを作ったり，さまざまな取り組みを行ってきました．また，他のグループホームとの交流を深める目的から4月に花見，7月には家族懇親会を駅前のカラオケ店で開き，8月には花火というように交流や親睦を深めています．外出などのない日は，近くの図書館に本を借りに行ったり，駅前の喫茶店でお茶をしたり，買い物をしたりと，それぞれが地域の資源を活用しながら休日を過ごしています．また，余暇だけでなく，洗濯物を干しながら「ぼろぼろだね．そろそろかな」と職員やスタッフとのやりとりを楽しみながら，以前よりも身

グループホームの居間でくつろぐ仲間たち

の回りのことを気にかけるようになりました．また，天気が良い日には布団を干したり，掃除機をかけたり，グループホームでの生活を積み重ねていく中で，生活する力が付いてきているようです．

どのグループホームも地域の中にあり，地域の自治会に入り，ゴミ当番や全体の清掃作業に参加しています．また，長年グループホームに暮らしている人たちは，近所の人に「お願いします」とバザーのチラシを配ったり，「こんにちは」とあいさつする姿が見られ，仲間たちの生活が地域に根づいてきています．

2．障害の重い人が安心して暮らすことのできる場所をめざして

1）入所施設の起こり

グループホームは地域の中に増えていきますが，身体障害がある人，重度の行動障害のある人など，障害の重い人たちは，職員が十分に配置できないグループホームでの生活は困難でした．通所施設が4か所になり日中に働く仲間の数が100人を超え，親の高齢化が進む中で，入所施設が必要という声が高まっていきました．

新しくできる入所施設は，土地探しも難航しました．水道や下水，地目の変更，住民の同意を取ることなど，それらの条件に合うものはなかなか見つかりませんでした．幸運にも現在の笠幡の通所施設の隣に土地が見つかり，家庭的で居心地のいい施設の設計は，アート設計の星さんを囲んでみんなで考えました．これは楽しい作業でした．建設の自己資金づくりは容易ではありませんでしたが，銀行からも資金を借りて，何とか目標額に達しました．

2）人が住む建物へのこだわり

多機能型障害者支援施設川越いもの子作業所は，2008（平成20）年7月に開所しました．入所とショートステイの他に，生活介護，就労継続支援B型，就労移行支援などの多様な事業を行っているので多機能型事業所です．

第3章　地域に根ざした「いもの子」の実践　137

　障害者支援施設は独立した玄関のある6つのユニットから成っています．それぞれ9人が暮らし（1ユニットだけ10人），それぞれのユニットには，玄関・居間・食堂・台所・お風呂・トイレ・洗面所・洗濯場と利用者の個室があります．50人の人たちが暮らす入所施設ですが，大集団ではなく家族単位で暮らしています．この造りは，通所施設からグループホームが生まれ，仲間たちが5〜6人で家族のように暮らしてきた実践を設計に生かしたものです．入所施設と

上　入所施設外観
下　入所施設ユニット見取り図

して運営するけれど，形態はグループホームでと考えてきたのです．ほんとうは1ユニット6人にしたいという提案がありましたが，それでは職員配置が難しく，1ユニット9人の6ユニットとなりました．

　個室は，6畳でクローゼットがついています．そこに暮らす人たちが，ベッドやタンス，テレビなどを設置し，家族の写真を飾ったりしています．個室は全室南向きで，厳しい寒さの冬でも暖かい光が降り注ぎます．部屋からベランダに出ることもでき，暑い夏も各部屋にエアコンがあり快適です．

　食堂と台所そして居間は，向かい合わせキッチンの造りで，台所からご飯を出し，食堂で食べ，食器を台所で洗っています．食事は施設内の厨房で作られ，各ユニットに運ばれてきます．配膳や食事，片付けをユニットごとに行います．台所の隣には6畳の居間があり，床暖房があり，ごろごろしながらテレビを見て，みんなでおしゃべりします．

　お風呂は，3人で入れる大浴槽と1人で入る風呂があります．車椅子の人も利用できるリフト付きの浴槽は2つのユニットに設置しました．洗い場を2つ設け，真冬の洗い場の冷たさを避け，より快適に過ごせるように床暖房を設置しました．

　洗面所兼洗濯場には洗濯機3台，乾燥機2台を設置，自分たちで洗い，たたんで片付けることを大切にしました．

3）入所施設での生活

　食事については，入所施設内に厨房棟を設け給食センターを設置しました．1991（平成3）年に通所施設を創設して以来，厨房に従事してきた菊田が，先駆的な施設を見学し，入所施設と通所施設に配食できるシステムを考案しました．栄養士の栄養管理のもと施設内の厨房で作られる温かくできたての食事を1日3食提供しています．また食べる人の必要性に基づき，一口大のカット，刻み食，ミキサー食，とろみ，アレルギー食への対応をしています．食事は健

康を維持すること, 生きることのもとになり, 同時に季節を感じられ, 行事を楽しめるものをめざしています.

入浴時間は, 夕方から夜にかけて, 毎日入ることができます. 仕事を終えた後のお風呂は格別で, ゆっくり湯船につかっていて, とてもリラックスしています. 北欧のスヌーズレン[注]は有名ですが, 日本のスヌーズレンはお風呂かもしれません. シャワーが大好きで心ゆくまで楽しむ人もいます. 仕事を頑張り, お風呂でゆったり過ごし, 穏やかな夜を迎えています.

健康管理については, 看護師を配置し, 生活支援職員とともに健康状態を把握し, 必要に応じて通院に同行します. 入居している人の80％が服薬しているので, 名前別, 朝・昼・夜, 食前・食後・入眠前に分けて提供しています. 歯科診療についても毎週1回の歯科医師, スタッフの訪問を依頼し, 希望者は施設内で歯科診療を受けることができます.

整髪 (理容・美容)については, 月2回程度定期的に理容師, 美容師の来所を依頼して, 希望者を対象にして施設内で実施しています.

職員体制は, 夜間は各ユニットに2人～4人の職員が配置され, 朝は6時30分から2人～3人の職員が配置されます. 深夜は3名の夜間勤務職員を配置しています. 毎日のお風呂は近隣に暮らす多くのパート職員の協力を得ています.

入居者の1日は, 6時半ごろ起床し, 7時に朝食になります. 約半分の人が第2川越いもの子作業所で働き, 半分が入所施設の隣にある川越いもの子作業所で働いています.

16時過ぎに送迎のバスや徒歩で帰宅し, 17時から入浴が始まり, 18時30分には夕食です. 夕食後に入浴する人もいますが, 就寝までの間, 居間でテレビ番組を見たり, 明日のこと, 給料の使い道,

---

注) スヌーズレン：語源は2つのオランダ語, スニッフレン＜クンクンとあたりを探索する＞, ドゥースレン＜ウトウトくつろぐ＞から造られた造語であり, 「自由に探索したり, くつろぐ」様子を表しています.

泊りの職員のこと，給食の献立等々，話題が絶えることなく，話が弾みます．

入所施設では，グループホームで暮らすことが困難だった重度の障害のある人たちが，その人らしく安心して暮らしています．特に自閉性障害のある人，行動障害のある重度の人たちも入所施設で穏やかに暮らしています．職員集団が連携して仲間に寄り添って生活支援ができるようになりました．職員が集団になって間断なく支援ができています．

4）各ユニットの様子について

6つのユニットにはそれぞれの特徴があります．

いちごハイツは現在8人の女性が暮らし，会話も多く飛び交います．ほとんどの時間を居間で過ごし，テレビを見たり，パズルや塗り絵をして，和気あいあいと夜の時間をゆっくりと楽しんでいます．

もう1つの8人の女性が暮らすフリージアホームには，夜勤職員を配置しています．夜は職員3人体制ですが，時にはマンツーマンの対応が必要になることがあります．最初は居室で過ごすことが多く仲間との関わりも少なかった人が，人を支えに居間で過ごせる時間が増え，仲間同士で会話する姿が見られるようになっています．いちごハイツとフリージアホームは管理棟の渡り廊下を挟んでつながっているので，ちょっと落ち着かない時などは，隣のユニットに散歩がてら行って気分転換する人もいます．

さくらホームでは，視覚障害や車椅子を使用している人，てんかん発作がある男性が入居しています．夜勤職員が常駐し，支援が多く必要なユニットです．文字が読める人が多く，会話も多いよつばハイツは，男性9人のとても活発なユニットです．出入口が開く音がすると，「誰か来た」とみんながワイワイ集まってきます．その日の夜勤が誰なのか，何時に巡視に来るのかなど興味津々で，好きな職員が巡視に来るまで頑張って起きている仲間もいます．

コスモスハイツは比較的重度の自閉性障害と行動障害の仲間が多

い，8人の男性のユニットです．居室で過ごす人もいるのですが，DVDプレイヤーを持つ仲間の居室に他の仲間が訪れていっしょに見ることもあります．自分の好きな音楽を他の仲間と部屋で聞いたり，アイドルの写真をいっしょに見る人たちもいて，好きなことを共有しています．

なでしこハウスは，8人の重度の自閉性障害と行動障害のある人たちが暮らしています．仕事から帰ってくると，事務所に寄って一息ついてからユニットに戻る人，居間でゆったりくつろぐ人，職員や仲間とじゃれ合ったりしている仲間などそれぞれです．入浴はみんな大好きで，大きい浴槽に手足を伸ばしてゆっくりと仕事の疲れを癒しています．

3．暮らしの場の課題

1）深刻な居住の場の不足

「いもの子」には7か所の通所施設と7か所のグループホーム，そして入所施設があります．働く場に通っている人が230人，そしてグループホームや入所施設で暮らしている人が85人います．85人のほとんどが，「いもの子」の通所事業所に通っていますので，残り145人のほとんどの人が親と暮らしています．高齢の親が，40歳代,50歳代の障害のある人を介護しているのです．埼玉県内には，1,400人の入所施設待機者がいて，川越市でも60人の待機者がいます．川越市の障害者支援計画で生活介護や就労継続支援Ｂ型などの通所サービスの見込み量は，平成25年度には940人でしたが，平成29年度までに1,227人を見込んでいます．特別支援学校の卒業生などの利用者の増加が見込まれているのです．グループホームの見込み量は，平成25年度の121人から,29年度までに165人分となっています．入所施設は，29年度までの増加の見込みはゼロです（現状306人）．通所者は287人分の増加とされていますが，グループホームと入所支援の暮らしの場の増加は44人分にとどまっていま

す．これでは，家族介護の現状は変わっていきません．むしろ暮らしの場の不足はますます深刻になっているのです．にもかかわらず，国は，入所支援施設の整備に予算を確保していないのです．

2）余暇の充実

グループホームの入居者は，余暇活動として市内の青年学級に参加したり，ヘルパーとの買い物やボーリングなどに出かけています．しかし，彼らの仕事が終わった後や休日に，気軽に立ち寄れて談笑したり，趣味の活動ができる集いの場がまだまだ不足しています．総合福祉センターはありますが，楽しく集える社交場はありません．グループホームの入居者だけではなく，入所施設の人たちも利用できる社交場が地域の中に何か所か必要です．

入所施設は介護を中心に職員配置がされているため，余暇の保障をするには，移動支援の職員の確保が予算上難しく，コンビニエンスストアへの買い物が1週間に1回だったり，近所の喫茶店に行きたくても行けなかったり，流行の洋服を買いに行けないことがあります．ボランティアの確保も必要ですが，入所施設の入居者は移動支援のヘルパー制度の利用が認められず，制度面での改善が必要です．

3）夜間体制の脆弱さ

入所施設の夜間勤務は，50人に対し3人の配置です．入居者が体調を崩したり，非常事態や災害時には不安があります．

グループホームにおいては，夜勤のほとんどをパートで対応せざるを得ないのが実情です．また，精神的な不安を仲間が訴えると，その対応のために休日でも職員は出ていかなければなりません．また，職員が十分に配置できる夜勤体制を確保するのは財政上不可能です．

4）土日運営についての矛盾

　入所施設では，土日の日中活動に対する加算が少なく（90単位）日中行う生活介護事業では区分6の場合，1,076単位ですが，月に23日までしか報酬が認められません．1か月30日だとすると，土日の7日分は報酬がありません．しかし，土日だからといって職員を削ることはできません．

　グループホームにおいては，逆に日中の加算がありません．休日の取り組みや，仲間の対応のため制度に定められた以上に職員の加配をしている状況です．仲間たちの生活をより豊かにしていくためにも休日の体制を手厚くしていくための補助制度の充実が必要です．

4．入所支援の必要性を考える
グループホームから入所施設へ移った谷川さん

谷川雄一さん　41歳　男性　自閉性障害

　谷川さんは，1994（平成6）年に養護学校を卒業し，東田町にあったデイケアいもの子に入所します．重度の行動障害がありましたが，仕事は集中して取り組んでいました．電話線を分配する基盤に部品をつけてネジで止める下請けの作業でした．当時のデイケアいもの子は，10坪ほど作業場と北側の線路沿いに4坪の長細い作業部屋があり，谷川さんは，前述の町田詠司さんや下地義和さんとその仕事をしていました．ドライバーを持って，基盤に部品をはめ，ネジをつけてドライバーを回す，そしてまた同じ工程を繰り返す．基盤は，彼の右側に縦に重なっていき，そして段ボールの箱にキッチリ並べられます．彼は，その作業場で先輩の詠司さんと下地さんと3人で黙々と進めるこの作業が好きだったようです．昼食後，近くの公園にみんなと散歩に行き，そしてベンチに座り缶コーヒーを飲んで時間を過ごしていました．それはとても楽しい日課でした．家から通い，仕事中や昼休みは仲間と過ごす，彼の社会人の最初の頃は，

穏やかに過ぎていきました．1997（平成9）年に第2川越いもの子作業所が開所し，彼も異動します．

　第2川越いもの子作業所ができて2年後に，初めてのグループホーム「ほくほくハウス」が開所して，先輩の詠司さんと下地さんが暮らし始めます．そして2年後，第2ほくほくハウスに続いて，第3ほくほくハウスが開所準備に入ります．谷川さんの家族からグループホームに入居させたいとの希望があり，行動障害の重い彼が入居するにあたって，職員が1人しか配置できないグループホームでどう支援するのかが課題となりました．家族と話し合い，まずは2泊3日での第3ほくほくハウスの利用が始まりました．当時24歳の谷川さんと，第2川越いもの子作業所，川越いもの子作業所やデイケアいもの子で働く人たち，5人の暮らしが始まりました．60歳の1人を除いては，20代半ばから後半の入居者でした．谷川さん以外は，自分の必要なことを言葉で伝えることができました．谷川さんは発語はなく，自分のしたいことは職員の手首をとって，直接欲しいものを握らせて伝えます．他のものにはあまり興味を示しませんが，コーヒーに強く反応し固執します．缶コーヒーを1本飲んで安心ではなく，緊張が強くなって次のもう1本を求めてきます．もう1本渡すとさらに気分が高まって，生活の中心は缶コーヒーとなってしまいます．作業は集中して取り組みますが，暮らしにおいては，行動がコーヒーに縛られていました．家族も，缶コーヒーへの強い要求にどう対応したらよいのか困っていました．卒業後5年ほど経つ中で，コーヒーへの固執が強くなっていました．

　第3ほくほくハウスでは，夕食後のティータイムはほっとするひと時でしたが，谷川さんは自分のコーヒーを一気に飲み終えると，他の人のコーヒーにも手が伸びます．当然取られまいとする力とぶつかるので，テーブルや床にコーヒーがこぼれます．コーヒーを前に，谷川さんの緊張はとても高くなっていました．食後の団欒にはならず，谷川さんとは別にティータイムを取らざるを得なくなりました．また，インスタントコーヒーの瓶を食器棚に入れて置くと，

取り出して，ふたを開けてこぼしてしまったり，冷蔵庫から麦茶や牛乳を出して，空っぽにしてしまうのです．ある日の夜，谷川さんは自室のある2階から飛び降りて，自動販売機の空き缶のかごへ向かおうとして足をくじいてしまったのです．グループホームでの2泊3日の生活でそこまで追いやられていました．そのため第3ほくほくハウスの利用を断念せざるを得なくなりました．

　グループホームの職員配置では，谷川さんのような行動障害のある人に配慮しながらの暮らしの支援は不可能でした．その解決の方向を入所施設の機能に求めるようになり，谷川さんのことはその後の入所施設づくりの弾みとなりました．

　入所施設ができて谷川さんは「なでしこハウス」という，重度の行動障害のある人たちが暮らすユニットに入居しました．9人の仲間が生活していますが，夜は夕食とお風呂があるので4人の職員が支援に入ります．入った当初は，仕事から帰り，連絡帳をカバンから出すとすぐに自分の居室に入ってしまい，ベッドでごろ寝していました．食事の時も，食べ終わってお茶を飲んだら一目散に居室に入ってごろ寝，といった様子でした．休みの日も居室にいることが多かったのですが，仲間たちとの関係が生まれていくと，居間で過ごすことが増えてきました．ユニットに住む9人のうち半分以上の仲間が，居間でテレビを囲んで思い思いに過ごすようになりました．

　谷川さんは，いつの頃からか居間でみんなと向き合う位置に座るようになり，そこは居間・食堂を見渡せるような場所でした．谷川さんは自分の安心できる場所を見つけたようで，その位置に座る時間が多くなりました．以前のように居室のベッドにすぐに行くことは少なくなりました．生活をともにする青年同士の関係が生まれてきたのだと思います．いつもの場所で周りの様子を見ながら，いつもの仲間と時間を共有し，楽しんでいます．また時折，他の人が出しっぱなしにした椅子の位置を直すこともあります．谷川さんの部屋に仕事仲間のUさんが遊びに来て，Uさんが谷川さんのベッドでくつろぎ，谷川さんは椅子に座っています．コーヒーは，平日は作

業所に行くマイクロバスが着いた時と，作業所から帰った夕方に，事務所の前の相談室で飲むようになりました．相談室の椅子に座り，事務所でコーヒーをぐっと飲み干し，必ず電気を切って出ていくようになりました．次の行動への切り替わりがよくなったのです．谷川さんはコーヒーへの固執がなくなったわけではありません．厨房や事務の職員も加えた職員みんなで彼に寄り添っている入所施設の取り組みの中で，人を求める彼へと変化していました．朝起きると，今日は誰が支援に入るのか，窓の外をのぞき職員が来るのを待っています．好きな人と嫌いな人も出てきて，自分の要求をがつがつ出して行動している人は嫌いなようです．コーヒーへ固執した生活から，人との関わりを求め，楽しむ生活に変化してきています．仕事で寄り添い，生活で寄り添うことができ，支援が連携し，継続している入所施設の機能が彼の生活を支えています．

（大場　博美　杉田　俊治　大畠　宗宏）

Ⅲ. 生活を支える事業

1. いもの子作業所との出会い

　仲間たちの生活を支える事業として，2003（平成15）年に生活支援センターのびらか（無認可）を開設して，今年で14年になります．私もヘルパーの仕事を13年続けていることになります．入職当初はヘルパーの仕事をするとは思っていませんでした．

　私が川越いもの子作業所で働き始めたのは1992（平成4）年2月でした．川越に引っ越してきて，10か月ほどの時でした．ある日，長女が学校から「みんな輝けコンサート」のチラシをもらってきたことが川越いもの子作業所で働くきっかけとなりました．主催者の1つの団体であったアコーディオンサークルに加入し，あれよ，あれよという間に舞台に立っていました．そこで川越いもの子作業所の存在を知ったのです．当時，近くのレストランでパートタイムで働いていましたが，学校で学んだ「人間の発達」に関係のある仕事に就きたいと思っていました．そんな時，川越いもの子作業所が産休代替え職員を募集していると聞き，応募し，幸運なことにすぐに採用されたのです．

2. 人間の発達の可能性を学ぶ

　学生の時，障害児教育の専門である河添邦俊先生の授業で人間の発達について学びました．「人間はあらゆる場面で発達する可能性を秘めて生まれてきたんだよ」という先生の言葉に惹かれたのです．私は「あまり優秀でない，ちっぽけな人間だ」と自分自身にコンプレックスがあったのですが，「ああ，可能性があるのか」と思えて，明るい気持ちになりました．授業の内容は覚えていませんが，その

言葉だけは頭に残りました.

　その頃，授業で「養護学校は必要か否か」という話し合いをしていました．私は，専門家がいる学校で教育を受けることが大事だと考えていましたので，実習は，京都府立与謝の海養護学校（現，与謝の海特別支援学校）を希望しました．養護学校義務化の前で，就学猶予免除願いを返上する運動をしている学校でした．さまざまな年齢の小学生がいることに大きな衝撃を受けました.

　27年間飲み屋の片隅で，お客さんの相手をしていた女性は，教室に担任の若い男の先生が入って来ると，「ええ男やなあ」と声を掛けます．体重106kgの16歳の男性は，女の先生が来るのを待ち構えていて「抱っこ」と言って膝に乗ろうとします．8歳の男の子は，三角形のボール紙を親指と人差し指で挟み，目の前でひらひらさせています．それが小学部低学年の教室なのです．「この子の発達を守りたい」と願う親の気持ちが形になったのだなあと思いました.

　卒業後北海道の札幌に住むことになり，和光小学校で障害児学級の産休代替えとして働き，低学年を受けもちました．高学年を受けもつ男の先生は，ご自身が身体障害者で「人間は壁を乗り越えて発達するものです．教師の仕事は壁をつくることです」と教えてくれました．また，学校全体の方針として，「子どもたちは職員全体で見る」というもので，職員会議は教職員だけでなく，学校で働く職員全員が参加していました．そして子どもはどの部屋も出入りが自由で，「中村学級の荻野さんは，ただ今校長室で校長先生とお話し中です」といった具合に．定期的にアナウンスしてくれました.

　「障害をもった子も，もっていない子も分け隔てなく」ということと，「関わる大人も分け隔てなく」ということが同時に行われていました．なんて理想的な職場だろうと，驚きました.

3. 川越で暮らし続けるための支援拠点

　川越いも子作業所で産休代替え職員として働き始め，「いもの子」の理念「障害者の重度，軽度または種別を問わず，地域の中で，

あらゆる場面で機会を得て，障害者も1人の人間として自立していけるよう支援していく」という言葉に触れ，これまで学んできたことに照らして，ここが私の探していた場所だと思いました．

　作業所職員として重度重複障害の仲間の発達を見守る毎日が続き，産休職員が復帰すると，入れ替わりに産休に入る職員がいて，引き続き代替え職員として働かせてもらいました．翌年はパート職員となり，1年後に正職員となりました．

　1997（平成9）年4月，第2川越いもの子作業所の開所と同時に，小規模作業所のデイケアいもの子に異動となりました．その後，将来構想委員会では支援費制度が始まることを受け，相談事業や居宅支援事業，生活サポート事業を行い，仲間の生活を支えていこうと話し合われていました．作業所職員からは，「通院や買い物など作業所からの外出に職員が取られ，本来の業務ができない」，グループホーム職員からは，「入浴介助や部屋の片付けに，ホームスタッフだけでは手が回らない」，親御さんからは，「親はいつまでも若くない，体力的にも精神的にも介護の限界だ」「余暇をどう過ごさせたらいいかわからない．親と行っても楽しめないようだ．年相応の楽しみをさせてやりたい」，また「一人暮らしや父子家庭の仲間の生活も支えが必要だ」と不安が出されました．法人内にも知的障害者相談支援事業の相談員が1人配置され，総合的な支援を行っていました．しかし，それだけではとても足りませんでした．法人独自に相談事業とヘルパー事業を立ち上げ，労働の場である作業所と暮らしの場であるグループホームや家庭で，仲間の生活を支え，生まれ育った川越の地で暮らし続けられるようにしようと「障害者生活支援センターのびらか」が誕生したのです．

4．のびらかの事業開始

　2003年4月，支援費制度が始まると同時に事業立ち上げの準備を開始し，私はヘルパー養成講座に通い始めました．同時にヘルパー事業所を訪問し教えを請い，親や作業所職員の要望を聞き始めまし

た．10月に事業を開始し，仲間・家族・職員といっしょに学び合いながら，「どうしたら障害者が川越の地で暮らし続けられるのか，どんな生活の支援が必要なのか」を探すことが仕事になりました．特に利用者である仲間たちから学ぶことがたくさんありました．

　初めは，親も職員も恐る恐る「こんなことできるのかなー」と話し合い，特に家事援助や身体介護のような家庭に入っての支援はなかなか要望を出してもらえませんでした．そこで，まずはこれまで作業所職員がやっていた通院同行を引き継ぐ形での支援を始めました．

　第2川越いもの子作業所の職員から，歯科検診で何人かに虫歯が見つかったが，歯科通院できないかと相談がありました．事業開始前で，私はヘルパーの養成講座受講中でしたので，相談員が歯科通院の付き添い支援をして，経過とノウハウを報告してくれました．事業開始後は，私が引き継ぎ，毎週2〜3人で近くの歯科までぞろぞろ歩いて通いました．優しい女性の歯科医師が仲間の様子を見ながら，無理をせずゆっくり治療をしてくれました．難しい治療は市立診療所の吉田宏江歯科医師を紹介してもらい，今に続いています．

　障害者の治療に慣れた吉田先生は，連れていく仲間たちのほとんどを子どもの時から診ていました．仲間たちの小さい頃の様子を教えてもらい，仲間の新しい面を知ることもありました．

5.「何でもあり」ののびらかの支援

　次が身体介護の支援です．重症心身障害児者通園事業の職員から，「上條さんが休みがちなんだけど，何とかならないか」という相談がありました．「本人は元気だけれど，お母さんの調子が悪くて出かける準備ができない」ことがわかり，トイレ介助・着替え・食事介助を行い，通所準備支援をすることにしました．ヘルパーは私1人でしたので，ヘルパーを募集しました．老人のデイサービスで働いているという方が応募し，老人介護の経験のあるヘルパーが支援に加わりました．家が近いこともあり，早朝，夕方の支援もお願い

し，友だちのヘルパーも誘ってくれ，2人でほぼ毎日の支援が可能
となりました．上條さんは，疲れた時以外は毎日作業所に出勤でき
るようになりました．上條さんの支援は身体介護でしたが，中身は
家事援助あり，見守りあり，移動ありと必要と思われることは何で
もやりました．のびらかが初めて居宅サービスとして行う手探りで
の取り組みで「何でもあり」の，のびらか支援の素地がこの時でき
たように思います．上條さんの支援が始まると，堰を切ったように
重症心身障害者への支援が増えました．その後，グループホームの
仲間も利用できることがわかり，入浴介助に入るようになりました．

　家事援助の要望は出されず，他人を台所に入れることには，大い
に抵抗があるようでした．まずは，グループホームの片付けが苦手
な仲間の，部屋の片付けから始めました．本格的に家庭に入って支
援を始めたのは，庄司さんからです．川越いもの子作業所の職員か
ら，母が病気で亡くなり，父子家庭となってしまった庄司さんの夕
食づくりができないかと相談がありました．自立を助けるというこ
とも目的に，1人でも作れるようにと，いっしょに食材を買い，調
理もしました．のびらかの記念すべき初調理メニューは「おはぎ」
でした．おはぎは大成功で，その後庄司さんがメニューを決め，自
分でできるところは自分でやり，いっしょに作りました．しかし，
庄司さんが一般就労し，帰りが遅くなり，時間に余裕がなくなった
ため，ヘルパーが作ることになってしまいました．のびらかの家事
援助1号となった庄司さんにはたくさんのことを教えてもらいまし
た．「炊き込みご飯作って」「野菜スープ作って」と言われ，作ると
「お母さんのと違う」と言われました．食材・調理法・味は，その
家，その家で違うのだなと実感しました．父も息子もお互いに心配
し合っていることもわかりました．その後は，一人暮らしの外山さ
んや父子家庭の地場さんが支援を申し込んでくれ，徐々にヘルパー
に対する抵抗が薄れてきました．

6. 余暇支援の充実

　支援費制度では移動支援の中に通院も余暇支援もあり，外出を伴う支援はすべて移動支援でした．初めは，グループホームの仲間の外出がほとんどで，本格的に余暇支援が始まったのは，奥田さんからです．お母さんから「土日に連れ出してほしい」という要望がありました．奥田さんは初めヘルパーと1対1で外出していました．2〜3回行くと「優子さんと映画観に行きたい」「柴田さんとカラオケに行きたい」と友だちを誘うようになりました．親から離れ自由になり，同世代の仲間と同じ楽しみを経験しましたが，その喜びを仲間と共有したかったのでしょう．奥田さんは誘った友だちが楽しめるように気を遣い，席を譲ったり自分の順番を後回しにしたり，みんなに合わせて大きな体を揺すり，頑張って歩いていました．そして，その喜びを全身で表していました．小躍りし，両手をすり合わせ満面の笑みで，「鈴木さんとボウリングした，うれしい……」と．その姿にヘルパーは「報われた」と思うのです．「この喜びを守らないと……」と思い，のびらかの余暇支援が形づくられていきました．話を聞いた仲間がどんどん増え，それに合わせてヘルパーを集めるのに苦労しました．人数が足りず，2組に分けて別の日に行った時期もありました．現在でも要望に応えきれず，お断りすることがあります．

7. ヘルパーの仕事から見えてきたこと

　事業を始めてだいぶ経ってから，金崎さんと市立診療所の歯科に行った時のことです，吉田先生に「あらあら，歯がすっかり溶けてとんがっているよ，痛かったでしょうね」と言われました．今は神経が死んでしまい，痛くないが「かつて痛い時があったであろう」ということでした．川越いもの子作業所で働いていた時のことを思い出しました．金崎さんは学校卒業後10年以上在宅で，兄妹の紹介で川越いもの子作業所に来ました．大きい体をよじるように動かし，

大声で何か喚いていることがよくありました．ある時期，金崎さんの担当となりました．金崎さんが作業所から家に戻った頃にお母さんから，「職員さん息子を打ったんですか，どんな悪いことしたんですか，ほっぺた腫れているんです」と怒って電話がありました．蜂にでも刺されたのかと心配していると，また電話で「腫れているのは歯茎でした」と伝えてきました．翌日お母さんがタクシーで歯医者に連れて行きました．金崎さんは「歯が痛いよう」と伝えることができず，大声で喚くか，体を揺すって走り回るかしていたのでしょう．喚く時には「痛いよう」ではなく，「ほんとにもうっ，ほんとにもうっ，だからいったでしょう」と毎日自分が言われている言葉を言っているのです．担当職員として気づけなかったことが情けなく，もっと早く歯科に連れて行かれなかったことが悔しくて，金崎さんに「ごめんなさいね」と詫びることしかできませんでした．その時，金崎さんの歯は，6〜7本しか残っていませんでした．当時はヘルパー支援の制度がありませんでしたので，今ほどこまめに通院もできませんでした．小柄なお母さんが体の大きい金崎さんを歯医者に連れて行くのはさぞたいへんなことだったろうと思います．

　支援費制度以前は，現在ヘルパーや相談員がやるようなことは，作業所職員やボランティアが行っていました．作業所が終わった後の職員は，夜はボランティアに変身して入浴介助に行ったり，土日に仲間を遊びに連れ出していました．職員は使命感と若さで，無理をしていました．親はもしもの時のためにボランティアを探し，備えていました．

　ヘルパー事業を続けてきて，仲間の生活が少し変わりました．作業所職員は本来の仕事に専念し，しっかり仲間と向き合っているようです．作業所で以前聞かれたようなパニックを起こす仲間の声がなくなり，とても穏やかな表情で働く仲間が，ヘルパーと会うとあいさつしてくれる明るい声に変わりました．

　親はボランティアに頼らず，堂々と支援依頼ができるようになり，すべての不安が解消されたわけではありませんが，うつむき加減の姿

勢が上向いてきたように思います．仲間自身は定期的な通院で健康
管理ができ，やりたいことに挑戦し，生活を楽しむ機会が増えました．

　仲間たちの生活を「のびやかに」「朗らかに」と願い「のびらか」
と命名した，その方向に少し近づいたのではないかと思います．

8. ともに歩くヘルパーとして

　2010（平成22）年4月，入所施設に暮らす仲間の移動を保障する
ため県単の生活サポート事業を開始しました．Ｓさんはグループ
ホームで暮らしている時は，月に一度ヘルパーと障泳会（川越市障
害者水泳会）に参加するためオアシス（川越市総合福祉センター）に
出かけていました．入所施設に暮らすようになり，移動支援が使え
なくなり，以前のようにお母さんが連れて行くことになってしまい
ました．4月にサポート事業を開始してからは，サポートを利用し
てもらっていますが，「泊まりを伴う利用」のみ認めるという条件
を満たすため，わざわざ前日Ｓさんに帰宅してもらい，自宅から出
発するようにしています．とても不自然な感じがします．サポート
事業だけではなく，ヘルパーを取り巻く制度はどれもわかりにくく，
使いづらい制度になっています．初めてヘルパーの支援を希望する
障害者が，市役所から事業所のリストを渡され，事務所を訪ねて来
ることがよくあります．そんな時，どうしたら支援を受けられるか
ということから説明しなければなりません．幸いに，のびらかでは
相談員が対応しますが，支援開始までに随分時間がかかります．障
害者と家族の不安の声に対して，私たちはいつも「大丈夫ですよ，
いっしょにやりますから」と伝えます．もちろん家事や入浴，外出
をいっしょにやるのは当たり前ですが，声にならない不満を声に出
し，行政に対して訴えたり，要求することも「いっしょにやらなけ
れば」と思うこの頃です．ヘルパーの仕事は，障害者と家族・職員
と「ともに歩く」ことなのではないかなと思います．

（中村　良子）

IV. 本人に寄り添う相談支援

1. 障害福祉との出会い，「いもの子」との出会い

　私は，埼玉県狭山に３人兄弟の末っ子として生まれました．幼い頃，近所に窓からテレビのコマーシャルを繰り返し大きな声で叫んでいる子がいました．今思えば，自閉性障害のある子でした．近所なのに小学校はいっしょではなく，当時は何でだろうと思っていました．その後，その声を聞くことはなく，就職してから偶然，入所施設で出会うまで，どこにいたのかわかりませんでした．重い障害のある子は地域でいっしょに過ごせなかったのだろうかと思いました．

　高校時代，私は父から反対されていたバイクの免許を隠れてとったり，先輩とけんかして部活を辞めたり，何の目標もなく過ごし，学校もサボりがちでした．父との衝突が多くなり，ちゃらんぽらんな生活を送っていました．

　高２の秋，父ががんで突然亡くなり，父に申し訳ない気持ちでいっぱいになりました．それまで将来のことを考えていませんでしたが，真剣にこれからのことを考えるようになり，図書室で見つけた職業の本を見て漠然と福祉のほうへ行こうと考えました．そして，日本福祉大学に入学したのです．

　大学では，昼間は仕事，夜は大学という生活でした．休日には，先輩からの誘いで障害児の日曜学校のボランティアをしました．その時に出会った子が，近所に住んでいた子と同じようにコマーシャルのオウム返しをしていました．いっしょに遊んでいるうちに，近所の子のことが少し理解できたような気がしました．その後，東松山市にあった就学前の障害児通園施設で初めて実習した時に，保育

士さんの子どもたちの可能性を常に引き出そうとしている働きかけに驚きました．その保育士さんが実習反省会で「この仕事は自分自身の人格が試される仕事だ」と話してくれました．生半可な気持ちや姿勢ではできないことを実感しました．もっと実践経験を積み重ねようと卒業後はすぐに就職せず，好奇心もあったので，イギリスでのボランティア留学に行ったのです．ウェールズの田舎町で，知的障害のある人と体験農場や教会やスイミングに行きました．一人ひとりの希望に沿い，外出プログラムを提供している支援センターのボランティアでした．たくさんの人と出会い，いろいろな場所に行く楽しい毎日で，一人ひとりに合わせた取り組みが大切であると学びました．

　ボランティア４人で暮らした家でトラブルがあり，気持ちが追い込まれ我慢できなくなった私は，１年の予定を切り上げ，３か月で帰国することになりました．やり通せなかった自分自身に自信をなくしました．帰国後，何かやらないともっと落ち込むと思い，たまたま見つけた求人に応募しました．1991（平成３）年に認可されたばかりの「いもの子」に入職することになったのです．

2．相談支援事業「のびらか」の出発

　入職時，「いもの子」には認可施設の川越いもの子作業所と無認可施設のデイケアいもの子の２か所しかありませんでした．私はデイケアいもの子に生活支援員として配属されました．当時，一人暮らしをしている全身性の身体障害のある仲間がいました．筋緊張が強く，食事をとることや痰を出すこと，外出することなどで直接的な介助を必要としていました．障害者の訪問介護の制度がない時で，毎日ボランティアが調理や食事介護などで生活を支えていました．ボランティアがいない長期休暇の時には，「いもの子」の職員が介護に出向いていました．地域で暮らすための資源が足りないところを「いもの子」の実践が切り開いたのです．

　1997（平成９）年に第２川越いもの子作業所が開所し，施設長と

なりました.「いもの子」では働く場が3か所となり,仲間が増えていきました.親が病気になったり,亡くなったりと親の状態が変化してきました.また両親が他界し暮らす場がなくなり,長期入院となり,精神科病院から通所する人,精神疾患があるために一人暮らしを支える日常的な生活支援を必要とする人も「いもの子」を利用してきました.家族の支えだけでは生活できない人たちが増え,その生活を作業所の職員が支えていました.

　2000(平成12)年に「いもの子」はグループホームを開設しました.2001 (平成13)年からは,グループホームの利用者と地域で暮らす知的障害者の相談と支援を行うために,県から知的障害者生活支援事業が委託され,生活支援ワーカーを配置できるようになりました.川越市ではこの時期,障害児と知的障害,身体障害,精神障害で各障害別にそれぞれの法人が相談事業を行っていました.当時,地域生活に関する相談は増加し,川越市の体制では不十分だったので,2003 (平成15)年から法人独自で第2川越いもの子作業所内にコーディネーターを配置しました.作業所の支援だけでは解決できない課題に取り組み,生活支援ワーカーと連携して必要な福祉サービスに結び付けてきました.そして,2005 (平成17)年5月,地域の人が気軽に立ち寄れることできるよう,川越市霞ヶ関の角栄商店街に「障害者生活支援センターのびらか」を開設しました.グループホームの統括,ヘルパー事業,生活支援ワーカーの拠点となり,私はセンター長として異動し,在宅生活支援の役割を担うことになりました.

　障害者自立支援法が施行された2006 (平成18)年10月からは,川越市はこれまでの相談事業を廃止して,プロポーザル方式(企画書を提出してプレゼンテーションを行う)で新たに相談支援事業の受託法人を募集しました.3事業所5人の相談支援専門員を配置して新たな相談支援事業が始まりました.「いもの子」では資格要件(5年以上の実務経験)のあった私が相談支援専門員となりました.それまで,知的障害を中心に相談支援を展開していましたが,3障害

のすべての相談に対応することになり,新体制でスタートしました.その後,支援センターの周知が進み相談が増え,今までの「いもの子」の相談支援の実績が評価され,川越市相談支援センターには精神保健福祉士の配置がなかったこともあり,2008(平成20)年度からは,「いもの子」に相談員が1人増員されました.

　2009(平成21)年度からは,川越市は障害者相談支援事業の拠点として,連雀町に川越市障害者相談支援センター(以下相談支援センター)を設置しました.「いもの子」にはもう1人増員され,相談員は3人となりました.川越市全体としては,4事業所10人の相談支援専門員となりました.今まで各事業所で相談を受けていましたが,相談支援センターに月曜日から土曜日までシフト制で1日3人配置し,新規の相談をそこで受ける体制となりました.その体制の中で,「いもの子」の「一人ぼっちの障害者をつくらない」という理念を大切に行ってきた支援をこれからは川越市全体の支援として広げようと考えました.

　次に,「いもの子」の理念を大切にし,本人に寄り添い,その人

「のびらか」外観

の人生としっかり向き合うという相談支援の基礎を築いた関わりを
紹介します.

3.相談支援の基礎を築いた関わり

1）各機関がつながって支える
＜Ａさんのプロフィール＞
30代前半，男性　障害：知的障害Ｂ（中度）
住まい：ほくほくハウス（グループホーム）
仕　事：川越いもの子作業所（生活介護）

　Ａさんは，父と母と知的障害のある２人の姉と暮らしていました.
幼少期から経済的に困窮し，父親は威圧的な態度でＡさんに接して
いました．母が出ていき，姉たちも思春期になると家を飛び出すこ
ともありました．Ａさんは中学校を卒業後，工場や住み込み先のお
寿司屋で働いていましたが，無断欠勤や金銭トラブルなどで仕事が
長続きしませんでした．家のお金を持ち出して使ってしまったり，
漠然とした体の不調を訴えて病院に通院し，自分の納得のいくまで
次から次へと病院を変えるなどを繰り返してきました．父親に叱責
され，家を飛び出し，野宿することが多くなり，飲酒，テレクラ遊
びなどを覚え，ますます金銭の浪費に拍車がかかっていきました．
浮浪者風の男の使い走りをしていたのですが，中学校時代に親身に
なって世話してくれた先生に「今の生活をやめて，まともな暮らし
がしたい」と相談したのです．その先生の紹介で川越いもの子作業
所の職員がＡさんを支援することになりました．相談支援センター
が立ち上がる前のことでした.

（1）暮らしの場の確立
　川越いもの子作業所に自宅から通所するのですが，無断欠勤が
あったり，職員や他の仲間とトラブルを起こしたり，落ち着かない

日々が続きました．家を飛び出し，行方不明になることが増え，在宅ではＡさんを支えられないと判断し，別法人の入所施設のショートステイを利用し，川越いもの子作業所が送迎し，通所することになりました．その後，Ａさんから「グループホームで生活したい」と希望が出て，「いもの子」が運営するほくほくハウスへ入居することになりました．

（2）暮らしの場の安定，相談できる存在

　その後もＡさんは，目の前の欲求を我慢できず，不安定になり，お金を盗んで使い込むなどの問題行動が顕著に現れたり，お金に対して気持ちが揺れて，自分自身をコントロールできないことがありました．しかし，グループホームで仲間同士で生活しているうちにだんだんと変化が見られるようになりました．休日にはヘルパーと外出し，「次は床屋に出かけたい，旅行に着ていく服やジャンパーを買いたい，ヘルパーさんと温泉に行きたい」といったさまざまな思いや願いを口にするようになりました．その結果，計画的にお金を使い，余暇を楽しむために職員に相談するようになりました．遊んで帰ってくると「楽しかった．おいしかった」などその日の出来事を語り，それを聞いてくれる仲間とスタッフがいて，笑顔が増え，表情が和らぎ，時には人を思いやる姿が見られるようになりました．

　グループホーム入居後2年経った頃から相談支援センターの関わりが始まりました．Ａさんが落ち着かない時には1週間に一度，Ａさんとグループホーム，作業所の関係者が集まりＡさんの悩みや思いを聞きました．そしてまた，次に話し合いをする日を確認しました．落ち着いていると1か月に1回という話し合いになっていきました．次の話し合いまでにＡさんの目標や関係者が配慮することを確認し合いました．Ａさんはこうした話し合いの場があり，相談できる人を支えにしながら生活や仕事に向かっていきました．

　グループホームに入居してから13年が経った今，まだ気持ちがブレることはあります．作業所でイライラして暴力的になった後で

第3章　地域に根ざした「いもの子」の実践　161

も，照れながら「明日も来るね」と帰っていきます．

　作業所，グループホーム，そして相談支援センターと「いもの子」
全体で支えてきました．一支援員，一機関が抱え込むのでなく，働
く場と暮らしの場とそれをつなぐ相談する場が協働し，支えていく
ことが大切だと教えてくれたAさんとの関わりでした．

2）長期入院を余儀なくされたBさんの新たな暮らしづくり

　＜Bさんのプロフィール＞
　40代後半，男性　障害：統合失調症と知的障害B（中度）
　住まい：グループホーム
　仕　　事：川越いもの子作業所（就労移行支援）

　Bさんは，専門学校在学中の多感な青年期に統合失調症を発症し，
その後，入退院を繰り返していました．一般企業や精神障害者授産
施設で働きましたが，長続きしませんでした．7年間入院している
精神科病院からの依頼で，退院後の生活に関して相談支援センター
としての関わりが始まりました．家族は，高齢でうつ病の母親と他
市に暮らす妹がいます．母は退院後Bさんといっしょに暮らすこと
に不安を示し，なかなか退院できませんでした．Bさんも長期間に
わたる入院のため，社会の中で生活することに不安が強く，幼少期
の様子から療育手帳を取得するための支援を行いました．精神障害
のある人の社会資源より，本人に合うのは知的障害のある人の社会
資源ではないかと考えました．本人は変化に弱く，新しいことに取
り組むことに不安が強く，刺激に敏感でした．人との関係を築くこ
とも苦手で，時間をかけて退院準備を進めました．退院後の日中活
動を検討するために，入院中の実習を受け入れてくれる川越いもの
子作業所での実習を月1回半日から始めました．当初は「仕事はし
たいが，これをやると○○さんからいけないと言われる」と新しい
ことに踏み出すことにたいへん緊張していました．しかし，少しず
つ体験を重ねるうちに「モップの仕事，うまくいった」と仕事に自

信をもてるようになっていきました．2年経過し，ようやく「暖かくなったら退院する」と話すようになりました．新年度に開設するグループホームがあり，不安と緊張を抱えながらも「やってみようと思う」と入居することに踏み出し，9年に渡る入院から退院することができました．

　グループホームでの生活については，「規則正しい生活をしている．ホームは静かでいい．夜もぐっすり寝ています」と話し，周りの心配をよそに落ち着いた生活を送っています．川越いもの子作業所の清掃の仕事でも，モップを持って一所懸命仕事をしています．作業所，病院の職員，相談員と支えている関係者が集まるケア会議では，「皆さんのおかげです．あわてないで疲れた時は休みます．頑張っていくので，よろしくお願いします」と感謝の気持ちを伝えてくれました．社会の中で自分自身を取り戻し，無理をしない生活を続けていくことを当面の支援の方向として，Bさんを今後も見守り続けたいと思います．

　長期間社会的入院をしている人が，退院して新しい生活に踏み出すことのたいへんさを感じた関わりでした．単に暮らす場と日中活動の場があればいいわけでなく，本人が不安を乗り越えられるようにともに行動し，本人の「地域の中で生活したい」という気持ちにする支援の大切さを感じました．

3）生活困窮に陥ったCさんの生活全体を支えた関わり

＜Cさんのプロフィール＞
　50代前半　男性　障害：知的障害B（中度）
　住まい：ほくほくハウス（グループホーム）
　仕　事：一般就労

　Cさんは，両親は亡くなっていて，5人きょうだいの末っ子です．
　長男長女はすでに死亡し，他の2人の兄とも疎遠でした．他県で育ち，小中学校は特別支援学級に進み，卒業後清掃などの仕事を転々

とした後，20代で上京しました．2008（平成20）年暮れ，突然「いもの子」の門戸を叩きました．川越いもの子作業所に訪れたCさんは友人に紹介されたと言い，当時勤めていた会社を退職した矢先でした．職を失ったCさんは，すがる思いで「川越いもの子作業所で働きたい」と訴えました．当時は，アパートでの単身生活で，収入が減ったため，「いもの子」では通常のアルバイトとして雇い，アルバイトとしての時給を払うことになりました．最初は，日中の関わりだけでしたが，その内に「家賃が払えていない．光熱費を滞納している．携帯代の請求が……」という言葉が出始め，Cさんの生活が危機的状況にあることがわかってきました．また，「借金があるんだ」と職員に相談があり，消費者金融へ毎月数万程度の返済もありました．

　改めてCさんの生活全体を支援する必要性が出てきたため，相談員が関わることになりました．まず，借金を把握するために，川越市の無料法律相談に同行し，弁護士に債務整理を依頼し，他市に事務所を構える弁護士のところへ，数回同行支援しました．Cさんは断片的な記憶でしか説明できなかったので，弁護士の聞き取りは困難を極めましたが，4社から借り入れがあることが判明し，しかも，過払い金があるため，数10万円程戻ってくることがわかりました．

　一方，家賃滞納が3か月ほど続き，いよいよ退居を迫られていました．退居してまた別のアパートに暮らしても同じ結果が予想されたので，早急に作業所職員，相談員，市のケースワーカーとケア会議を開き，グループホームへの入居を勧めました．経済的な要因もありましたが，職員の目の届く所で，すぐに相談できる環境が望ましいと考えたからです．グループホームへの入居が決まり，引っ越しの片付けに行きましたが，アパートには物が溢れかえり，相談員，グループホーム，通所施設，入所施設の職員10人ほどが協力し，環境センターに3往復しながら，1日かけてゴミ出しを行いました．片付けが終わり何もなくなった部屋の写真を撮っていると「きれいになったね．自分1人じゃできなかったから」とうれしそうな半面，

「もう，ここには住めないな」と寂しそうに話していました．

　グループホームに入居してからは，食事が3食食べられることに「ありがたいよね．1人の時は食べない日もあったから」とうれしそうな表情を浮かべます．お金がなくて食べる物にも困っていた時には洗濯や掃除も滞っていましたが，今は自分から積極的にきれいにしようという意識が生まれています．「昔みたいに稼いで，また一人暮らしができないかな．俺は結婚したいんだよね．子ども好きだしな」と眼を輝かせて楽しそうに話すCさんがいます．時には女性にのめり込んでしまうこともありますが，もっと稼がないと養ってはいけないという思いがあり，結婚願望が強いCさんは「先立つものがないと結婚なんて難しいなあ」と苦笑いします．

　現在，川越いもの子作業所の就労移行支援事業を利用し，障害者雇用で倉庫内の作業を行い，月10万円ほどの収入を得ています．障害年金の申請も行いましたが，軽度の知的障害のため不支給となってしまいました．消費者金融の借金も，残り1社が整理されていないため，未だに過払い金の支払いはありません．新たに，国民健康保険料，市民税の支払い請求が来たりとなかなか落ち着きませんが，今は携帯電話代，光熱水費と完済し，確実に生活水準は向上しています．最近では小遣いが増え，「○月○日に○○買うんだよね」と何回も職員に確認してきたり，楽しみも増えているようです．これからもCさんらしい生き方を応援していきたいと思います．

　適切な時期に適切な支援がなかったため，本人の頑張りが報われず，孤立し生活困窮に陥ったケースでした．関わり始めた時期は遅かったですが，本人の生活を変えたいという気持ちを信じ，関わり続け，本人の変化を待ち，生活の改善に結び付けることが大切だと感じさせられました．

4．本人を大切にする相談支援

　私たちは，「川越市に一人ぼっちの障害者をつくらない」という「いもの子」の理念の下，Aさん，Bさん，Cさんのように地域で埋も

れてしまった人たちを孤立させないための支援を行ってきました．長年何の社会資源にもつながらず親が抱え込み，高齢化などで家族が支えきれなくなった時に相談があります．すぐに必要な支援に結び付かず，家族からも見放され，孤立し，その後孤独死をした人もいました．幼少期，学齢期に出会っていたらここまで深刻な状況にならなかったのではと思うことがあります．成人期になると相談内容が深刻かつ緊急的な相談に発展し，必要な支援につながるにも時間がかかることが多くあります．適切な時期に相談支援につながることが必要だと思います．

　私は，その人らしく生きるために，その人の良さを見つけ，引き出し，その人の人生を取り戻す支援，その人の人生に生きがいや仲間を見つける支援を心がけてきました．そのために，積極的に訪問を重ね，本人の言葉にならないニーズや家族の思いを汲み上げ，そこに寄り添い，必要ならば直接生活に関わり，本人を応援できる施設や関係機関と結び合わせてきました．本人や家族の気持ちを丁寧に受け止め，信頼関係をつくるのが精一杯な時もあります．時には，裏切られ辛い思いをすることもありますが，関わりを続けて，その人の変化を待つのです．関わりを続けていくためには，持続的な相談支援が大切です．その実践が伴ってこそ知識，技術が生きます．経験と情熱が必要です．「いもの子」の理念を反映した相談支援を川越で続けていくことが大切です．

　それぞれの事業所も手一杯ですぐに必要なヘルパー派遣ができなかったり，生活施設が見つからないという状況があります．あるいは，難病や高次脳機能障害，発達障害の人に対応できる社会資源が乏しいため，対応できる施設を開拓していきます．障害特性が違う，利用者や職員と合わないなど，通所する気持ちにならず，結局は通所しなくなることもあります．他の施設を探して欲しいと訴えられ，その人に合う施設が見出せず前に進めない現状もあります．相談支援センターで相談を受けたものの，障害が重く他の施設でなかなか受け止めきれない人，家庭の介護力が弱いなど困難なケースが，「い

もの子」が運営する施設につながります．地域で困っている人を積極的に受け止める，懐の深さに支えられます．「いもの子」の各施設が，大きな社会資源として，川越の障害者福祉を底のところで支え，拠り所となっています．

　川越市では，2017年度中に基幹相談支援センターを新たに設置し，相談支援体制の再構築の検討を進めています．本人を主体に地域生活を進めていくためには，何より本人が安心して働き，暮らす資源の整備が重要です．また，計画相談（障害福祉サービスを利用する時の利用計画書の作成をする業務）が始まりましたが，支援を必要としていても声を出せない人，埋もれている人，制度の谷間にいる人への支援が真の相談支援だと思います．私たち「のびらか」は，社会資源の整備と制度の課題へも向き合いながら，「川越市に一人ぼっちの障害者をつくらない」支援を実践し，新たな相談支援体制となった後も中心的な役割を果たしていきます．これまで以上に本人に寄り添う支援の哲学を実践し，本人を大切にできる相談支援に取り組んでいきたいと思います．

（山田　英紀）

V. 重症心身障害者と「いもの子」の歩み

1. 養護学校の歴史と重症心身障害のある人たち

1）川越の障害児教育の歴史
（1）視覚障害児から始まった障害児教育

　1908（明治41）年　視覚障害の児童の点字教育が入間郡大字川越字川越養寿院境内慈善学校で開始される. 大正時代に埼玉盲学校となり, あんま, 針灸, マッサージの教育が始まり, 寄宿舎が設置される.

　1912（大正1）年　校舎が川越神明町に移転.

　1937（昭和12）年　埼玉県立盲唖学校と改称, 校舎が宮元町に移転.

　1970（昭和45）年　川越市笠幡に移転.

（2）知的障害児の教育

　1964（昭和39）年　川越市宮下町に川越市立養護学校（現在の特別支援学校）の小学部と中学部が設置.

　1966（昭和41）年　高等部が設置.

　1972（昭和47）年　県立川越養護学校（現, 川越特別支援学校）が川越市古谷上に設立され, 小学部と中学部が移管.

　1979（昭和54）年　障害児の就学の権利が保障され, 重度の知的障害のある児童も学校に通えるようになった.

（3）重度の身体障害児の教育

　1967（昭和42）年　重度の身体障害のある児童のための県立熊谷養護学校（現, 熊谷特別支援学校）が設置.

　1977（昭和52）年　県立和光養護学校（現, 和光特別支援学校）, 養護学校義務化後, 県立日高養護学校（現, 日高特別支援学校）が

設立.

2）川越市民の会と「たんぽぽ」と「紙ふうせん」

　1872（明治5）年に学校の制度が始まり，1947（昭和22）年に教育基本法が施行され，義務教育が始まっても障害のある児童に教育が保障されたのは1979年からでした．障害を理由に就学の義務を免除された多くの家族は，社会の中でいわれのない負い目を感じながら，子どもを在宅のままにしていました．そのような中で，有志の教員，障害児の親が立ち上がり完全就学化に向けた運動が行われ，学齢期に入っても就学できない障害児を集めた遊びの会（日曜学校）が，教員や学生，地域のボランティアの協力で生まれていきます．「川越みんなで元気に遊ぶ会」は，川越市内に住む在宅の障害児の把握から始まっていきます．

　養護学校が川越周辺に増え，重症心身障害の子どものいる家族が川越に増えていきます．「障害者の生活と権利を守る川越市民の会」（以下，川越市民の会）が主催する「障害者夏の合宿」や「川越みんなで元気に遊ぶ会」などの取り組みに重症心身障害の子どもたちの参加が増えてきます．大東文化大学の日曜学校「たんぽぽ」という学生サークルが主催する「川越みんなで元気に遊ぶ会」に，重症心身障害の子どもたちが参加するようになり，重症心身障害の子どもたちを中心とする「紙ふうせん遊ぶ会」が発足します．その時期は日高養護学校の設立時期と重なるのです．「紙ふうせん遊ぶ会」は，川越にある東京国際大学の学生サークル障害児問題研究会「紙ふうせん」が主催し，公民館で室内遊びをしたり，ハイキングに出かけたり，学生たちが毎月企画運営していました．「重症心身障害の子どもたちが，地域の中で遊ぶ場をつくりたい」という願いのもと，生まれてきたものです．そして，「川越市民の会」に結集しながら，卒業後の進路の必要性を行政へ伝え，この取り組みが「いもの子」をつくるエネルギーの1つとなったのです．「川越市民の会」は，子どもたちの教育の場づくりに声を上げ，紙ふうせん遊ぶ会を

支え，そして，学校を卒業した人たちの社会の居場所をつくる運動につながっていきました．

3）「いもの子」の起こり

　「紙ふうせん」に集まってきた親たちは，卒業後の地域の中での行き場の必要性を訴えながら，「いもの子」の「つくり運動」に結集していきます．1985（昭和60）年に「川越いもの子作業所をつくる会」が発足しますが，その時に集まったのは，重度の知的障害児・重度の自閉性障害児・重症心身障害児をもつ親でした．発足時に特に問題になったのが，行動障害があり動きが激しい人と，動くことができない重症心身障害の人がいっしょに作業所で過ごせるのか，そしてけがや事故が起こったらどうするのかということでした．しかし，今はとにかく「学校卒業後に行き場がないこと」で一致して作業所づくりをしようということになりました．

　当時6人の重症心身障害の子どもをもつ親が集まり，「川越いもの子作業所をつくる会」に加わりました．6人とも体の変形に合わせた，特別な車椅子を使用し，通常の姿勢が寝たきりか車椅子であり，食事，排せつ，排痰，着替え，移動等々全介助の人たちでした．6人の中で1987（昭和62）年に開設した無認可の川越いもの子作業所に一番に入ったのは，上條明美さんでした．

　開設当初入ってきた明美さんを含めた6人の仲間たちは，卒業したばかりの人が3人，2年間在宅だった人が2人，そして40歳になる人が1人でした．前述した知的障害のある柳沢民さん以外は身体に障害がありました．その6人の仲間たちは，川越市の武蔵野の森の中にある作業所の中で，木工作業を始めます．脳性麻痺で上腕に麻痺がある田中さんが体を揺らしながら鋸で切ったり，ドリルで穴を開け，細渕さんと阪さんが磨いていました．明美さんは，障害が重くみんなが作業する姿を床の上で寝ころがって見ていました．明美さんは，みんなが作業したり話したりする姿を見ながら，笑ったり，目を見張ったり，時にはつまらなそうにしていたり，全身で

反応し，表情を返していました．明美さんの相棒である職員の松川さんは，全身に麻痺がある明美さんの左手と左足が一定動くことに着目しました．寝たままでの明美さんの左手に刷毛を持たせ，松川さんが，明美さんが持つ刷毛の軌道に合わせて鉛筆立てを宙に浮かせ，ニスが塗られると「ヤッター」と細渕さんが言い，田中さんが体を揺すって拍手をします．明美さんは声はあまり出ませんが，満面笑顔で大きく口を開き喜びます．みんなにとっても明美さんが作業できたことが喜びになりました．「人に仕事を合わせる」という障害のある人たちへの支援に確信できた取り組みでした．

　体幹に麻痺があり，生活すべてに支援が必要な明美さんがいて，明美さんはみんなといっしょに働こうとして，そこに集う仲間たちは明美さんを励ましていました．障害の重い明美さんの気持ちをわかろうとすることは，活発な民さんを含めそれぞれの内面を大切にすることでもありました．川越いも子作業所の始まりは，明美さんがいたことで，無理せずゆっくり時間が流れていたと思います．

4）「笑顔の日々」東田町へ移転してからの取り組み

　1998（平成10）年に川越いも子の作業所が，大きな都市ガスのガスタンクがそびえ，小江戸と呼ばれる蔵造りのお店が並ぶ商店街にも近い東田町に移ります．そして町田詠司さんが加わり，蔵づくりの街中で，リヤカーを引き，段ボールとアルミ缶を集める作業が確立されていきます．木工作業では，中村誠一さんが加わり（彼は現在も木工班），丸太を斜めに1センチの厚さに切断し，穴を2個開けて紐を通したタオルハンガーが生まれ，川越いも子作業所の「いも太郎」マークの焼き印を入れるようになります．そしてその翌年の1999（平成11）年に，会川健一さん，丸山誠也さん，西村みゆきさん，田中小百合さんが日高養護学校（現，日高特別支援学校）から，そして上野貴志さんが熊谷養護学校（現，熊谷特別支援学校）を卒業して入ります．たった30㎡の部屋の中に車椅子は，一気に6台になります．

脳性麻痺は，出生前後の時期に脳に何らかの損傷を受け，筋肉の動きをつかさどる脳の一部が損傷を受けて出てくる症状です．脳性麻痺には，痙直型（けいちょく），アテトーゼ型，混合型，運動失調型の4つのタイプがありますが，筋肉が硬直している小百合さんと，手や足，首を動かそうとすると，別の方向に動いてしまう不随意運動が見られるみゆきさん，明美さん，誠也さん．そしてそのどちらの動きもある混合型の会川さんがいました．5人とも話すための筋肉のコントロールができないために言葉はなく，四肢体幹にも障害があり，立位，座位を保持することができません．車椅子か，床に横たわっているか，あるいは職員などが後ろについて座椅子のように体を支えていました．みゆきさんと小百合さんは当時18歳でしたが，身長が130cm，体重は30kg前後でした．特に小百合さんは，女性の職員も抱きかかえて移動することできていました．

（1）仕事のこと

作業は，リサイクル作業と木工作業のほか，ビニールはがしと紙袋づくりを始めます．ビニールはがしは，当時の電化製品に使われていたプラスチックの表面がビニールでコーティングされており，そのプラスチックを再利用するための作業でキロ50銭の下請けでした．職員が，ビニールを少しはがし，プラスチックを手で固定し，その端を片手に持って，ビニールをはがします．これは明美さんが刷毛を持って，左手で弧を描いて，鉛筆立てにニスを塗ったのと同じやり方でした．ビニールがプラスチックから離れるたびに「やったー」という声援が生まれ，明美さん，みゆきさん，小百合さん，誠也さん，会川さんから，満面の笑顔が溢れました．

また，誠也さんは比較的体幹が安定して，体の揺れが少ないので，裏の作業場で缶プレスもしました．「缶くい虫」（「アルミ缶リサイクル協会」からもらったアルミ缶を1個ずつ入れる機械）のふたの取っ手に40cmぐらいの紐とその先に木の持ち手をつけ，車椅子に乗った誠也さんが持ち手を取ってその紐を引っ張ると，ふたが開き職員

が缶を1個入れます．そして誠也さんはそのふたを右手の甲を使って閉めます．缶が機械の中に入ってガサガサと潰れ，そして平らになって外に出てきます．誠也さんから，「おっおっ」という声が上がり，職員に「次の缶を入れて」という目線を首を振りながら職員に送ります．時にはそのパートナーが民さんや詠司さんになることがありました．誠也さんも全身を使って仕事をしていました．

（2）食事のこと
　食事は，おかずの箱とご飯の箱に分かれた300円の配食弁当でした．5人とも咀嚼機能に障害があり，食べ物を噛んで飲み込むことが困難なので，お弁当のおかずは細かく刻んでいました．職員は，正午の30分前になると包丁や，離乳食用クッカーを使って食べ物を刻みます．時にはボランティアが加わることもありました．食事は1時間30分かけてゆっくり食べていました．
　特に食事介助が難しかったのが，みゆきさんと小百合さんでした．みゆきさんは，口の動きや飲み込みに不随意運動があるので，小さなスプーンでご飯を運ぶと，体に緊張が走り，スプーンを噛んだまま固まってしまいます．職員は，みゆきさんに話しかけながら，緊張を和らげ，口が開くのを待って食事介助をしていました．みゆきさんは，全身の不随意運動を繰り返しながら食事をしていました．
　小百合さんは，痰がからみやすく，小さなスプーンで少しずつ食べ物を運ぶのですが，すぐゲホゲホとむせてしまいます．全身が強く硬直した状態で食事をしています．ご飯の大体4分の1程度，調子のいい時は半分以上食べる時もありました．食べ終わると，給水器にお茶を入れて飲み，そして痰を出して食事が終わります．重症心身障害のある仲間たちにとっては，食べることは真剣勝負でした．

（3）旅行に行く
　動きのある民さんや詠司さんと車椅子を使う6人の仲間と，伊豆や箱根，草津方面へ1泊2日の旅行に行くことになりました．介助

第3章　地域に根ざした「いもの子」の実践　173

者が足りず，お母さんたちも加わりました．観光地を回り，おいし
い食事を食べ，温泉に入る観光旅行です．お母さんや職員は，段差
や階段があれば，みんなで協力して車椅子を持ち上げ，昼食やホテ
ルの食事では，出された料理をその場でみんなで刻み，交代で介助
をしながら食事をしました．現在では，「母子分離」を徹底して旅
行に行っていますが，当時は，職員も家族も必死で，重度の仲間た
ちと旅行に行っていました．しかし，そんな中でも，寝返りのたび
に小百合さんが声を上げるので，いっしょに眠る職員がそのたびに
体位を交換します．職員はあまり眠れないまま朝を迎え，お母さん
と会うと，「ありがとう．小百合と初めて親子別々に眠った」と言
われました．改めて職員は，重症心身障害のある人の家族の介助の
苦労を知りました．こうして，初期の東田町にあった川越いもの子
作業所は，若い職員と仲間たちが，手探りの状態で重症心身障害の
ある人たちの地域生活に取り組んでいました．ゆっくり時間が進み，
笑顔の絶えない日々でした．

2. 笠幡の川越いもの子作業所の取り組み

1）重い障害のある人たちには機械整備が必要

　川越市の西に位置し田園地帯が続く笠幡に川越いもの子作業所を
建設するにあたって，重症心身障害のある人たちの取り組みの場を
どうするか考えました．「川越いもの子作業所をささえる会」の学
習委員会が中心となって，障害者関係の通所の認可施設の種類を学
び，「いもの子」の仲間たちにとって，適切な施設を考え，その結果，
知的障害者通所更生施設と知的障害者通所授産施設のどちらかを選
択することになりました．そして，当時「川越いもの子作業所をさ
さえる会」の学習委員長だった田中小百合さんのお母さんから「川
越いもの子作業所をささえる会」建設委員会の場で検討結果が発表
されました．そして「障害の重い仲間たちの働く場」をつくる場合，
「仕事を保障する道具（機械）の整備が大切だ」ということになり，

機械整備で 2,000 万円の補助が出る「知的障害者通所授産施設」を要望することとしました．アート設計事務所の星さんを囲んで，家族や職員と設計を考え，50 人が使用する食堂と作業室の間に 40cm ほど床を上げた 24 畳の畳の部屋を設置することになりました．そこで重症心身障害の仲間が横たわっていても，他の仲間が働いている様子や，食べている様子がプラスチックのガラスを用いた木の引き戸越しに見渡せるようにしました．重症心身障害の仲間たちと他の仲間たちとの接点を設け，重症心身障害の仲間たちを孤立させない設計にしました．

　1991（平成 3）年に，笠幡に認可施設の川越いもの子作業所ができて，上野貴志さんを含めた重症心身障害のある人たちは，上條明美さん，会川健一さん，丸山誠也さん，西村みゆきさん，田中小百合さんと途中から広瀬智子さんも加わって 7 人になります．この 7 人のグループを「リラクゼーション班」と名づけ取り組んでいきます．

　リラクゼーション班は，送迎車で仲間が到着すると，畳の部屋に集まり，朝のあいさつをします．名前を呼びながらそれぞれの体調を確認し，また，連絡帳を見て，昨晩家庭であったことや，土日にあったことを話し合います．言葉はなくても自分のことが話題になるととてもうれしそうです．職員も家族もみんな川越市内かその近くに住んでいて，その家族が何人で兄弟や地域のことをよく知っていました．また，昨晩はどんなものを食べ，トイレはどうだったか，畳の上に横たわりながらゆっくりと会話が進んでいきます．当時は看護師や理学療法士の配置はなく，職員が独自で学習して取り組んでいました．脳性麻痺に関する運動障害や支援については，埼玉県の障害者問題研究会の北村晋一さんを囲んだ学習サークル（当時）で学びました．また，北村晋一さんに直接来てもらうこともありました．

2）広い場所が必要となる

　重症心身障害のある人たちが日中通所するようになると，週 1 回利用できる在宅支援の入浴サービス制度が利用できなくなりまし

た. 作業所を利用している人は, 二重措置となるという理由でした. そのため, 「川越市民の会」を通じて市と交渉を続け, 作業所での入浴サービス制度が利用可能になりました.

当時の川越いもの子作業所 (定員 30 名) では, 重度の行動障害のある仲間が 15 人, 車椅子を使用する仲間が 7 人でした. 行動障害のある人たちの生活は動きが活発で, 食事や排せつにも時間がかかりませんが, 重症心身障害のある仲間たちは, 食事や排せつに時間がかかり, 互いの接点がもちづらくなります. もう少し多様な労働種目と広い施設が必要になりました. 利用する人が 30 人に届く頃, 笠幡の川越いもの子作業所は手狭になっていったのです.

3. 第 2 川越いもの子作業所「通園部」の誕生

食品の労働種目を増やすことと, 重症心身障害のある仲間たちが安心して活動できる場を求めて, 1997 年 (平成 9) 年に川越市今成に第 2 川越いもの子作業所が生まれます.

35㎡ほどの作業室と隣には医務室, そして向かい側には, 障害者用トイレが 2 つ. その隣にお風呂介助カーが来て湯船を置き, 入浴ができるシャワー室が設置されています. 天井には, 食堂とつながるリフトが設置されています. リフトは, 介助する職員が腰を壊さないように, そして非力な人でも持ち上げ移動できるように設置されました. 川越いもの子作業所の取り組みを基にして, 重症心身障害のある人たちのための施設が生まれました. 車椅子を使用するすべての人たちが, 笠幡の川越いもの子作業所から第 2 川越いもの子作業所 (今成) に移りました. その 2 年後の 1999 (平成 11) 年の 10 月に, 国の補助事業である重症心身障害児 (者) 通園事業 B 型が始まりました. この補助事業の目的は, 「在宅の重症心身障害児者に対し, 通園の方法により日常生活動作, 機能訓練などの必要な療育を行うことにより, 運動機能などの低下を防止するとともにその発達を促し, 合わせて保護者などの家庭における療育技術の習得を図るものである」としています. 第 2 川越いもの子作業所は, 1 日 5

人程度を受け入れる通園事業Ｂ型の事業を始めました．これにより，生活支援員の他，看護師と理学療法士を配置するようになりました．彼らを支援する専門職の役割が明確になっていきました．

　そして川越いもの子作業所にいた職員の武藤が異動して，重症心身障害児（者）通園事業（以下，「通園部」と記述）の担当になったのは，2005（平成17）年の５月でした．この年の第２川越いもの子作業所は，通所授産施設（以下，「本体」と記述）と通園部をより区別して取り組むことを促進した年でした．通園部の利用人数は，過去最高の11人になっていました．

　通園部の活動は，主に作業とリハビリ，そして食事・排せつ・着替えなどの生活動作に分かれていました．作業は，治工具を工夫し，仲間が紐を引いて器を傾け，ポプリや炭を落とす，「におい袋」や「脱臭のための炭袋」を作っていました．また，手帳の分解作業やペーパーヨーヨー（「いもの子」では「びよよーん」と呼ぶ）づくりも通園部の製品として作成するようになりました．ある仲間は，パソコンを使って絵を描き，カレンダーの絵のコンクールに出展したり，絵画展を開くようになっていきます．

　また，外に出ようという取り組みも始めます．Ｓさんは，人工呼吸器をつけていますが，高校生の時に行った東京モーターショーに行きたいという要望がありました．呼吸器を使用し，体力的にも不安がある中でどうできるのかをみんなで考え，実現していきました．１年に１回の取り組みです．自分の行きたいところ，経験してみたいことを基に，個々に合わせた外出を進めていきました．

　この時期，医療機関との連携やヘルパーによる生活支援の利用が増えていきます．他法人の重症心身障害児施設の協力により，健康診断や医師の訪問医療相談を継続的に受けることができてきました．また，2003（平成15）年に始まった支援費制度から，ホームヘルパーの利用が本格的に始まりました．外出支援から，家庭における入浴介助，作業所への通所準備などの利用が広がりました．通所制度が一定発展する中で，それに引きずられて医療の連携や在宅の

福祉サービスが増えていきました.

しかし，2011 年（平成 23 年）に重症心身障害児（者）通園事業が廃止され，生活介護事業へ移行しました．重症心身障害のある人たちへの実践は専門性が必要で，不十分ながらもとても大切な事業だったので，とても残念でした．また，障害特性に合わせまとまった額の運営費が出る重症心身障害児（者）事業に比べ，出席した日しか報酬が出ない日割り計算の生活介護事業では，職員の人件費を低く抑えざるを得ず，職員配置を削らざるを得ません．少なくとも，日額払いの報酬制度の生活介護事業では，一定の休息も必要な心身障害のある人を支援していくためには，十分な制度ではありません．

おわりに

初期の川越いも子作業所時代の 6 人の車椅子の人たちの中で，小百合さん，みゆきさん，会川さん，誠也さん，そして初めての通所授産施設ができた時代の広瀬さんは亡くなりました．みんな 20 代，30 代の若者でした．どの人も脳性麻痺で重度の運動障害があり，話すことができず，食事，排せつ，生活の介助が必要でしたが，生きることに懸命でした．

第 2 川越いも子作業所ができて 7 年ほど経ったある日，「皆の郷をささえる会」の運営委員会で，小百合さんのお母さんと私で次のような議論になりました．「うちの小百合は，みんなのように働けなくとも，たとえば東田町の作業所で籐を編んでいる仲間がいて，職員の人たちがいて，そんなにぎやかな楽しいところにいることが幸せなの」と言ったことに対して，私が「小百合さんは障害が重く，彼女のペースがあるんだから，他の仲間の生活に巻き込まれて辛くなるのではないか」と反論しました．しかし，当の小百合さんは，障害の軽い仲間が籐を編み，作業室の中で職員やお母さんと仲間たちがゆっくり会話する中で，穏やかにそこで過ごしていました．重い障害に配慮し，居心地のよい人間関係の中で過ごしていく取り組みを，小百合さんとつくることが大切なのだと思うようになりまし

た．仲間は小百合さんのことを思い，小百合さんはその仲間たちのことを思って活動してきました．そんな互いの関係性を通所の作業所の取り組みの中でも，実現していきたいと思うになりました．今の第2川越いもの子作業所の通園部が，重度の身体障害のある仲間たちの取り組みの到着点ではありません．まだまだ夢半ばです．

明美さんが，刷毛を持った姿から仲間に仕事を合わせることの大切さを実感しました．誠也さんが，両親を亡くした仲間が「いもの子」を去らざるを得なかった時，障害の重い人ほど地域の中に暮らしの場が必要であることを知りました．重症心身障害のある人たちから，私たちは労働や暮らしの真の意味を学んできました．彼らは亡くなりましたが，現在の「いもの子」の通園部には，6人の人たちが通ってきています．

1989（平成元）年，無認可の東田町の作業所で車椅子が6台になった時，川越にはまだ，重症心身障害児の遊ぶ会「紙ふうせん」がありました．社会の中で，重症心身障害のある人たちと，家族，兄弟そしてそこに関係する学生や先生，ボランティアという人間関係が生まれ，話をしたりお互いに学び合う機会がありました．その遊ぶ会がなくなり，重症心身障害のある人たちやその関係者が集まる場は小さくなってしまいました．しかし私たちは，何らかの形で，彼らが主人公になれる居場所を地域の中に取り戻し，彼らの要求を社会に広げていく必要があると思います．「いもの子」には，重症心身障害のある人たちが中心に利用できる日中の施設はありません．また，暮らしの場にも彼らはいません．私たちはもう一度，地域で協力してもらえるボランティアを集め，もう一度「重症心身障害児者の遊ぶ会」をつくっていきたいと思います．障害の重い仲間たちの「地域の中で生きていきたい」という思いを結集させ，彼らが主人公として活動できる場づくりをさらに進めていきたいと思います．

（大畠　宗宏）

第4章
生き生きと生きる仲間・家族・職員

上　入所施設の入口前で

中　紙すき作業

下左　仕事の合間に

下右　組立て作業

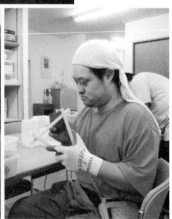

I.「いもの子」の『元気』の素
インタビュー　重度の障害のある仲間たち

　川越いもの子作業所では，開所以来重度の肢体重複障害のある仲間たちも生き生きと活動をし，生活をしてきました．本稿では上野貴史さん，佐藤祐一さん，有坂記代子さん，毛塚隼人さんへのインタビューをもとに，「いもの子」の仲間たちの姿を伝えることにしました．

「いもの子」とともに30年

上野　貴史さん
（うえの　たかし）

プロフィール
　現在46歳．埼玉県立の養護学校を卒業し，1989（平成元）年に川越いもの子作業所に通い始める．1997（平成9）年に第2川越いもの子作業所が開所し，異動．1999（平成11）年に県の委託事業として重症心身障害者通園事業が第2川越いもの子作業所に開設し異動．パソコンを中心とした作業（特にせんべい事業の見積・請求書づくり等）に取り組み，力を発揮している．2010（平成22）年から親元を離れ，多機能型障害者支援施設川越いもの子作業所に暮らしの場を移し，自立生活を始めた．

　いもの子作業所に通い始めた頃のことは覚えてないよー．確か，実習の時はまだ下松原にあった頃だった思う．東田町の時は木工作業でニス塗りと磨き，笠幡に行ってからは………コルクボードに一

焼き印をやってたよね.

　そして，1997 年に第 2 川越いもの子作業所が開所したことに
伴って，上野さんは，第 2 川越いもの子作業所へ異動しました.

　第 2 川越いもの子作業所に移って，最初はなかなかできる仕事が
なくて……あまり覚えてない. 作業所にパソコンが入ってからは，
パソコンでの仕事ができるようになって，仕事が増えていったんだ.
パソコンは Basic（プログラミング言語）の頃から家でずっとやっ
ていたから使えた. 今は，おせんべいの納品書づくりがほんとうに
忙しくなった. 得意先が 220 件まで増えたんだよ. 僕は，1 日 8 件
くらいの納品書を作るのが限界かな. それ以上はからだの限界！

　上野さんは手を抜けない性分で，二次障害予防のために無理をし
て長時間仕事をしないほうがいいとわかりながらも，時にはつい無
理してしまいます. でも，自分の得意なパソコンが仕事になり，そ
の力を生かすことができ，「ほんとうによかったんだ」と満面の笑
顔でした.
　そして，第 2 いもの子作業所に来てからのもう 1 つの大きな出会
いが，電動車椅子です.

　理学療法士の大平先生に勧められて電動車椅子を知ったんだ. 今
の愛車はまだ 1 台目で，もう 9 年乗ってる. 自分の力でいろいろな
ところに出かけられるようになったんだ.

　上野さんは，てんかん発作があるため付き添いがいないと安心し
て外出できません. まして，車椅子を足でこぎながら，後ろ向きに
進んでいく移動だったので，自分 1 人で自由に外出することができ
ませんでした.
　上野さんは，東京国際大学のローターアクトクラブの学生をボラ

ンティアにお願いし，ボランティアが卒業する時に，後輩を紹介してもらい，介助の仕方など，上野さんのことを引き継いでもらいながら，ボランティアが途切れないように努力しています．

　ボランティアさんといっしょにジャズ喫茶や，クレアモール（川越駅前商店街）をぶらぶらしたりするんだ．今はだいたい22時までには帰るようにしているんだけど．

　2009（平成21）年より，上野さんは「さくらホーム」（川越いもの子作業所：入所支援施設）での生活を始めました．人生の大きな転機でもありました．

　「さくらホーム」では部屋の中に畳を入れてもらって，家で暮らしていたようにしてもらえたから快適だよ．

　職員もやさしくて「さくらホーム」での暮らしはとても楽しいと話してくれました．しかし，実家にいる時にはできていた「外出」がこれまで通りとはいかなくなってしまいました．土曜日には実家に帰り，ボランティアとの外出は続けていますが，「全身性障害者介護人派遣制度」（脳性麻痺，筋委縮性側索硬化症，筋ジストロフィー症等の全身性障害者が，自立した地域生活を送るために一定の要件を満たす自薦介護人の派遣事業，市町村・県の事業として実施）自体は使えなくなってしまいました．

　住むところが入所施設に変わっただけで外出が制限されるなんて，当たり前に外出していけるように訴え続けていきたい．
　これからの「夢」や「ねがい」だけど，まだまだたくさん外へ行きたい，いろんな所へ行ってみたい，それが今一番の夢なんだ．

　障害のある人の外出の権利を保障する「移動」に関する制度を，

当事者が使いやすいものにすることはとても重要です．運動と実践を両輪に「いもの子」が設備を整え，人的支援を充実させてきた中で生きてきた上野さん．その歴史を知っているからこそ，「移動」に関わる権利保障を他の仲間の先頭に立って訴えていく責任を人一倍感じているのでした．

聞き手　武藤　寛史

多くの人との出会いを楽しんで

佐藤　祐一さん
（さとう　ゆういち）

プロフィール

　現在33歳．埼玉県立の養護学校を卒業し，2002（平成14）年より第2川越いもの子作業所の重症心身障害者通園事業へ通う．作業所では絵を描く表現活動にも力を入れており，その作品が認められ 2013（平成 25）年には川越にて弟・孝之さんの作品と合わせて個展も開き，マスコミにも大きく取り上げられ，大きな反響を呼んだ．家では，ホームヘルパーや訪問看護などの支援も使いながら生活．

　最初に実習で（第2いもの子に）来た時は，おせんべいの「包装作業」をやった．まだ手が動いたからね．でもとても緊張した．「いもの子」入ってもしばらく緊張してた．
　第2いもの子に入ってからは，シーラーとか，炭とかポプリを袋に落として入れる仕事，ミシン作業もした．仕事は楽しい．今はパ

ソコン作業をしてる．　絵を描くのも頑張ってる．

　佐藤さんの弟の孝之さんも第2川越いもの子作業所に通う仲間です．孝之さんは，きょうされんのグッズデザインコンクール（全国の障害者施設が加盟するきょうされんが，障害のある人たちの作品を公募し，入賞作品をもとにカレンダーやタオルなどの商品を製作する）に入選したので，祐一さんも次こそはと問いかけると，「今年はF1カーの絵を出した」と答えてくれました．そして，自信のほどはという問いかけには，「ばっちり！」と顔を赤らめて答えていました．

　佐藤さんは，パソコンの入力用の「トラックボール」という道具だけを使い，指先だけで描きます．しかしその作品はとても緻密で，よく特徴を捉えた「模写」を得意としています．

　過去には全国障害者問題研究会の雑誌「みんなのねがい」の中で紹介されたことがあります．その時のことは「とてもうれしかった」と明るい笑顔で話してくれました．

　そして今，通園部の部屋には祐一さんの作品が，ところ狭しと飾られています．

　数年前にお父さんが怪我をされ自宅での入浴介助ができなくなり，川越市内のヘルパーステーションに片っ端から電話をかけ，緊急の入浴支援を探しました．その甲斐あり，3か所のヘルパー事業所から手が挙がり（そのあと1か所追加），入浴支援と朝の食事・トイレ・通所準備などの支援が入ることになりました．

　（佐藤さんが出会ったヘルパーさん）えーと，オノさん，サイトウさん，タテノさん，ナカムラさん，ナルミさんと……マキハラさん，チヨダさん，えーと，オザワさん，ヤタさん，ニシムラさん……（ヘルパーさんと）いろいろ出かけた．映画に行ったりした．（家族旅行に行ったのは）マキハラさん．あの時はとても楽しかった．あと，東京モーターショーにも行けたし……

佐藤さんの「ねがい」である「外出」を叶えるには，多くの支援が必要になります．ご両親とヘルパーと作業所が密に連絡を取りながら「外出」を支えてきました．佐藤さんとヘルパーさんはとても仲良し，『友だち』です．支援を超えた付き合いも生まれてきているそうです．事業所を退職しても遊びに来てくれるヘルパーもいるとのことです．

　（これからの夢は）電気自動車に乗ってみたい．今一番興味があるんだ．それから，東京スカイツリーに上ってみたい．
　「いもの子」は仲間がたくさんいて楽しい．みんなといっしょにいられてほんとうによかったと思う．

　重い障害をもちながらも，多くの人たちに支えられながら，多くの人たちとの出会いを楽しみながら，毎日の生活の中に元気をつくり出してきた佐藤さん．
　「どんなに重い障害をもっていても」この「いもの子」の理念を，その姿で見せてくれる「いもの子の仲間たち」．重い障害のある仲間たちの「ねがい」に向かって，前向きにそしてあきらめずに歩んできた姿から学び，まだまだこれから「いもの子」が「運動と実践」の中で築きあげるものは，まだ山ほどあるんだと重く受け止めました．
　これからもこの仲間たちとともに歩んでいきたいと思います．

聞き手　武藤　寛史

仕事を通し，仲間とともに成長する

有坂記代子さん
(ありさか きよこ)

プロフィール

　年齢41歳，小学校・中学校を普通学級で過ごし，専門学校で縫製を学び，卒業後一般企業をめざし，面接・実習を受けた．しかし，3社とも不合格．半年近く自宅生活が続いた．障害者職業センターで障害認定を受け，22年前デイケアいもの子を紹介され，縫製の作業に従事し，第2川越いもの子作業所の開所と同時に異動した．現在，第2川越いもの子作業所の製造部部長として働いている．

　有坂さんが「いもの子」に入った当時は，職員3人，仲間18人という小さな作業場で，ぞうきんやハンドタオルを作る縫製の仕事が中心でした．

　専修学校で縫製を3年間やってたから！　縫製の仕事が好きで，ミシンを使って作業をすることが楽しかった．

　デイケアいもの子に通いながらも，25歳の時，一般就労に挑戦し，工場に数週間通い始めました．

　(一般就労したのは)お金が欲しかったから……欲しいものが買えなかったから……お母さんに迷惑かけたくなかったんだよ．お金の面でさ……
　(工場で働いていた時は)やる気はなかった．(しばらく考えてか

ら）知っている人や同級生がいて嫌だったんだよ．お母さんに失敗
した時に知られたくないから！
　肉の加工工場で，初めはみんなといっしょに仕事をしていたよ．
失敗が増えてくると，洗い物とかに回されたりした．私の仕事や中
身を見ないで，判断するんだもん！　人を見た目で判断するな！

　仕事の結果しか見てくれない職場環境……当時のことを思い出し
て，怒りが込み上げてきたようです．周りの従業員とうまくいかな
かったこともあったようです．その後，「いもの子」の職員と相談
して，工場を辞めることになりました．

　「いもの子」には戻りたくなかったよ．一度辞めたところは，戻
らないって決めてる．ダメなの！

　有坂さんにはプライドがあって，「おかえり」という仲間の声に
迎えられつつも，複雑な思いで「いもの子」に戻ったのでした．
　現在，第2川越いもの子作業所のせんべいの製造部で製造部長と
して働く有坂さんは，10人の仲間と4人の職員とともに働いてい
ます．
　せんべいの焼き釜が2台，乾燥機，ホイロ機など火を使う機会が
多く，製造室内は常に高温で，特に夏場は高い室温の中で作業をし
ています．夏場になると，40度を超える時もあります．

　（製造部長になって）責任感を感じるようになった．新人さんを教
育しなきゃ，ちゃんと教えるし，注意もする．今自信のある仕事は，
印刷せんべいかな．星野さん（当時の職員）がやっている姿を見て，
「おもしろい作業かも……」って思ってやり始めた．今なら印刷を
任せて！　という気持ちはある．（印刷用の粉の）こすりつけ方，ど
んなふうにやったら，キレイにまんべんなくできるかなと考えたよ．
これだっていうやり方，使い方がわかった．

今，頑張れているのは，下田さんが前に，印刷なら有坂さんしかいない！　と言ってくれたことかな．下田さんの言葉を思い出して頑張ってる．

　下田さんは，第2川越いもの子作業所のせんべい職人．仕事への姿勢やせんべいの出来に厳しい人で，厳しい中にも温かい目で常に仲間を見てくれています．
　有坂さんは製造部の代表として部をまとめるという立場になってからは，製造部の仲間の意見をまとめ，実習生が来た時に，作業工程の説明をします．話し方も柔らかくなってきたようです．

　（「いもの子」の仲間の良いところは）うーん，坂田さんは，力仕事をやってくれる．（せんべい）生地の箱を運んでくれるとこ．あと，中俣さんは，洗濯物を干してくれるとこかな……製造部は，男性大勢の中に女性2人で，寂しい……健康余暇活動の温泉に行った時とかに，女性2人と職員だけだったし……
　（これからのこと）今は仲間の入れ替わりが激しいし，キツイ．印刷せんべいができる仲間が私と山崎さんと会田勝人さんの3人しかいないし，ローテーションを組んで欲しいし，考えて欲しい．
　（自分の将来について）そこまで考えたことないよ！　（ちょっと強めの口調で……眉間にしわを寄せながら，頭を抱えて）一時，自立したいと希望はもってた．でも今の給料じゃ無理だよ！　（しばらく考えてから）お金があればしてみたい．温泉とお金がある時は外食に行きたい．それだけでいい．あ！　飲みに行きたいな．（「いもの子」で楽しいこと）昼休みかな……ほっとする．

　最近は，休み時間や仕事前に更衣室でこっそり化粧をしている有坂さんをよく見かけるようになりました．

　え……！　だって，前，製造部で健康余暇活動でガストに行った

時に，金澤さん（第2川越いもの子作業所施設長）が下田さんを通して「女性だったら外出した時にでも化粧をしたほうがいいよ」と言ってたんだもん！　昔はしてたよ．一般就労してた時に，社会人として化粧をしなきゃならないし……．でも，あの頃はお金もなかったから，サンプル品とか使ってた．

　（恥ずかしそうに）お化粧するとキレイになったって思う……気持ちも違うかな．うれしくなる，少しね．

　一般企業で働いていた時は，自分の気持ちを伝えることができなかった有坂さん．人との関わりが苦手でしたが，「いもの子」に来てからは，口調の強いところもありますが，仕事を通し，仲間と意見や気持ちをぶつけつつ，関わりがもてるようになっています．時には，職員から声を掛けられたり，冗談交じりの声掛けにも，笑みを浮かべるようになってきました．有坂さんという1人の女性を受け止め，理解してくれる周りの仲間たちがいたからかもしれません．

聞き手　佐々木弥生

僕の生きている証

毛塚　隼人さん
（けづか　はやと）

プロフィール

　現在29歳．東京で生まれ，1996（平成8）年より広島へ転居した．2006（平成18）年広島の特別支援学校高等部を卒業の後，ゆき作業所で健康茶の

製造やボルト閉めを行っていた.

　広島でのこと話すことはいっぱいあるよ！　とりあえず8歳から26歳までかな.前の作業所では,健康茶を作っていましたね.ティーバッグにするまで.あとボルト閉めね.楽しくなかったよ.ほんとうに申し訳ないけど……

　仕事のスタンスが自分にとって厳しかったよね.ゆっくり仕事したかったんだけど,それができなかった.作業中に俺結構話しちゃうから,よく怒られていたよ.周りがピリピリしていて,すっげぇ息が詰まったよ.

　広島にいてもずっと東京に帰りたかったんだよね.俺,向こうで寮生活だったから1人の時間多くてね.あんま話せる相手もいないし.ほんとうに寂しかった.土日は家に帰っていたんだけど,それでも親父は仕事,家でも1人になることが多かったんだよね.

　結局ゲームしかやることなくて,他に遊ぶ相手とかあまりいなかったし……だから1人で頑張ってやっていくしかなかった.それでね,1人の時間が多いから,ゲームとか1人で遊べるものをしていると,親が帰ってきて理不尽に怒るんだ.そういう環境に置かれていたから,余計に人にやさしくって思っちゃうんだろうね.

　その後,お父さんが広島から東京に帰り,寂しい思いをしたという毛塚さん.もともと東京に帰って来たかった毛塚さんの希望が実り,笠幡のグループホームに生活の居場所を移していきました.そして仕事の場として川越いもの子作業所で働き始めることになります.

　「いもの子」に通い始めた時,右も左もわからず,戸惑いが大きかったですね.車椅子も1人だけだったから,何か気を遣っちゃって,怖い部分があった.あと,1人で過ごしてきた時間が多かったから,仲間のことがわかってきたから,緊張とかはだいぶなくなっ

てきましたね．どう動くのとか，常に仲間の中でどんなふうに関わっていくかはすごい考えているけど，仲間とうまくやっていくためなんだからしょうがないよ．あと，人のこと考えちゃう性格だから．

　今の仕事は，パソコンを使った仕事．自分が生き生きとしているように感じるよ！　もっと仕事欲しいよね．そう！（急に笑顔になる）一番やりたい仕事でしたね．もともとパソコンをいじるのが好きだし．みんなにねがいを叶えてくれてありがとうという気持ち．感謝しています．

　「いもの子」に入って一番きつかったのは，新しく雇用型の事業所として始まった「カフェ＆ベーカリーどんなときも」の就職に落ちたことが辛かった．やりたいと手を挙げた時は，お金を稼いで親父に心配をかけたくなかったんです．「１人で稼いで，１人で暮らしていきたい」そう思ってたんです．そこまで考えてて，落ちちゃったからね．どうしていいかわからなかったねえ．

　でも，職員や仲間が「もっと活躍できる場がある」「スキルを磨いていこう」と声を掛けてくれたことが大きかった．少しずつ「いもの子」で頑張ろうと思ったんだ！

　今も「いもの子」で日々仕事をしていくのが精一杯だよ．あまり楽しいことを意識したことがないね．「いもの子」は仕事をする場だからね．

　あと外での活動，やりがいあるよね．初めて川越市との交渉に出かけて，緊張したよ．でもみんなの代表で行くんだって頑張ったよ！運動も自分の役割と感じた．しゃべるのは得意だからね！　ワクワクしちゃったよ！

　ヘルパーの話とか，入所の話とか．思うところがいっぱいあったんだ！　それに相手の人（役所の人）を見てたらいっぱい言いたくなっちゃった！

　運動をしないと見えない部分がたくさんあった．表面上だと良い制度と思っていたけど，話をしてみると全然．障害者の気持ちってなかなか伝わらないんだなって思った．だから，もっと声を上げて

いかないといけないよね．気づいたこととか訴えていきたいよね．

　Acid Black Cherry（ABC）というバンドに触れ，多くのライブ仲間たちのやさしさに支えられてきたと語ってくれた毛塚さん．「いもの子」のIMO楽団に参加をし，あこがれのアーティストと同じ舞台，日本武道館で熱い叫びを披露してきました．

　武道館に行くことになって，単純にうれしかったよね．正直びっくりした．「うわぁー」って感じ．武道館で歌うって簡単にできるもんじゃないでしょ？　数々のアーティストが踏んでる舞台に立てる，あの下から見た景色ってどんな景色なんだろうってワクワクしたね．感動すんだろうなって思ったよ．

　実際に武道館に入って，とても感動したよね．やばかったよ！「武道館だー！」って．いつも観客席でしょ？　ABCと同じ舞台だよ！　すごかったわ．

　仲間の想いをみんなに聞いて欲しかったから，一所懸命だったよね．あと，好きなアーティストが見た景色，最高だったね．すごい気持ちよかった！

　正直，熱唱しすぎてみんなのダンスわからなかった！　ごめんね．熱くなりすぎた！

　（最後のギターソロのロングトーン）いやあ，もうとにかく「やったろ！」という気持ちだったよね．何か日本武道館になんか残したくて！「やってやった」って！　爽快だったよね．

　これからもバンドで仲間の想いを歌っていきたいよね．あと，ロックが好きだから，ギターとか楽器がやりたいね！　とにかくまた日本武道館行くぜ！　歌は自分の代弁みたいなものだと感じているよ．

　（夢は）今まで多くの人たちが辛い時に手を差し伸べてくれた．その人たちに「これだけ成長したよ」というところを見せたい！　ありがとうって気持ちでね．あとは，困っている人に笑顔で接してあ

げたい.

　自分の夢は（少し考えてから）ホームから出て，一人暮らしをしたい！　お金稼がなきゃ！　一人暮らししたら友だちやお世話になった人たちを呼びたい．ここまでできるようになったことを証明したい.

　毛塚さんに「いもの子の良いところってなんだろう」と最後に質問しました．すると「他者との交流ができるところ」と話してくれました．特に音楽を通して仲間の想いを伝えていく活動には，とても驚いていたようでした．特に音楽の話をしている時の毛塚さんの笑顔は，何の屈託もない，素直な気持ちを表していました．毛塚さんは，外に目を向けていくことで，やりがいや充実感を感じています．やりがいや充実感が，生きている証になるのだなと改めて感じました.

聞き手　佐々木　良

Ⅱ. 親たちの思いが「いもの子」をつくった

青木さんご夫妻のお話を聞いて
「いもの子」の活動は私たちのライフワーク

はじめに

　私の息子は 27 歳の自閉症で県立川越養護学校卒業後いもの子作業所に入りました. 午前中は大好きな車に乗って空き缶回収, 午後は手先の器用さを生かして糸のこ作業をしています.

　私は第 2 デイケア (現, 第 3 川越いもの子寿町事業所) 立ち上げの際, 当時高 3, 高 2 のお子さんをもつお母さんたちにくっついて, 子どもたちの卒業後の行き場が 1 つでも多ければというくらいの気持ちで, 養護学校時代にいもの子作業所をささえる会の在校生部会に参加していました. 職員の力や時間,「いもの子」の施設を提供していただきながら, 作業所づくりのための検討会や実習が行われ, 着々と準備が進んでいきました. その後息子がいもの子作業所に入ると間もなく入所施設建設の話が始まり, 初めて本格的に大きな事業に身を置くことになったのですが, 先輩たちの何があっても屈しない行動力や揺るぎない信念に圧倒されっぱなしでした.

　現在は先輩の方々に学びながらささえる会事務局長をしています.

インタビューにあたって

　今回「いもの子」の発足から今日まで力を尽くした大先輩の青木さんご夫妻に「いもの子」の発足時から今までのお話を伺いました. 30 年のご苦労を, お 2 人とも穏やかな笑顔で懐しそうに語ってく

ださいました. そこに私は1つのことを懸命にやってこられた清々しさを感じました.

青木さんご夫妻には37歳になるダウン症の娘さんがいます. 娘さんが小学校6年生の夏休みに三鷹市より川越に転居し, 霞ヶ関小学校(複式学級)・霞ヶ関中学校(複式学級)・県立川越養護学校高等部を経て川越いもの子作業所に通所することになりました.

―娘さんの障害, そして成長をどう受け止めてきたのでしょうか.

青木 出産した病院で退院時, 夫婦同席の場で「ダウン症」と知らされました.「5歳くらいまでしか生きられないでしょう」と告げられ,「どうして5歳までしか生きられない子を育てなければいけないのか」ととても苦しみました. 深い悲しみと絶望感の中, どこにも出かける気持ちになれず, しばらくは家の中で暮らす日々でした. 娘はだんだん表情豊かになり, 気が付けば笑顔いっぱいの女の子になっていました.「かわいい!」と心から思えるようになり, 外出する元気も出て, 他人から「かわいいですね」と言ってもらえることも多く, うれしくなりました. 私たちもお兄ちゃんもみんなで大切に育てました. 同時に本屋さんで「ダウン症」という文字を見ると片っ端から買い求め, 読みあさったものです.

ダウン症にはよくあるという心臓病の合併症もなく, すくすくと順調に成長していきました. 担当のお医者さんからは「ダウン症児の希望の星」と言われました. 大人になった現在, バセドウ病の発症やダウン症によるものか不明ですが, 30歳を過ぎた頃より, できていたこともできなくなってきたり, おしゃべりだったのがあまり話さなくなるなど退行現象がみられ, そのことが一番気がかりです.

―「いもの子」との出会い, 青木さんご夫妻にとってどんな意味があったのでしょうか.

青木夫妻 霞ヶ関小学校の複式学級で斉藤洋子さん(障害者の生活と権利を守る川越市民の会に参加されていた)と知り合い障害者

水泳クラブに入り，そこで町田さん(現，社会福祉法人皆の郷理事長)が作業所づくりに励んでいることを知るのです．町田さんに参加したい気持ちを手紙で伝え，運動に積極的に加わることになりました．町田さん夫妻の考え方や熱い思いに賛同し，「ついていこう！」と気持ちを固めました．市民の会を母体に親・学校の教員・大畠さん(現，川越いもの子作業所所長)を中心に「ささえる会」の前身である「川越いもの子作業所をつくる会」を発足し，1つ1つ具体的に進めていきました．会議は教員の仕事が終わって，夜8時から行われることが多く，帰宅は深夜になったり，その間子どもを1人で留守番させることもあり，負担は増していきました．わが家では父親が活動に参加し，母親は活動を少し控えることにしました．何度も市に交渉し，やっと人里離れた所から町中の東田町の家を探してもらい，デイケアを移転できた時はほんとうにうれしかったです．その後も笠幡にいもの子作業所をつくり，開所と同時に子どもが高等部を卒業となり，家から近い笠幡のいもの子作業所第1期生となりました．元気に通所していくわが子の姿に，自分たちのやってきたことに間違いはなかったと夫婦で語り合ったものです．

　2008 (平成20)年に親たちの念願であった入所施設が完成．自分たちがいなくなった後のことを考えて娘は入所しましたが，まだ手許に置いておきたい気持ちも強く，毎週末自宅に帰るということで気持ちを納得させています．現在作業所で仕事をし，夜は仲間と生活を楽しみ，休日は家族とくつろぐという生活を送っています．

―ささえる会の活動に奔走して見えてきたことは

　青木夫妻　当初からこの会は資金集めを中心とする活動と，障害者福祉制度を推進させる運動を平行して進めてきました．その中で両親の役割も自然と分担されていきました．父親は，事業部会計としてイベント・物品販売を，母親は子どもの行事や市民の会・きょうされん(障害者施設の全国組織)の運動に携わってきました．

　青木(夫)　とにかく30年資金集めに奔走しました．どこかでイ

ベントがあると聞けば駆けつけ，バザー品がいただけると連絡が入れば夜でも車を走らせたものです．会員は20人くらいでしたが，全員が力を合わせ声を掛け合いながらの活動で，みんなが同じ夢に向かっていたので辛いと思ったことなどありませんでした．

　母親たちの頑張りを見て，父親も何かしなくてはと「父親の会」を立ち上げ，日曜日には「いもの子朝市」と銘打ってミニバザーを開きました．また，現在まで毎年続けているチャリティバザーやチャリティコンサートは父親たちの発案で始まったものです．学校を借り切ってのバザーは，近隣では「いもの子」が初めてだったと思います．現役時代は銀行員として外回りを中心とした預金業務に従事していたので，事業部会計は得意とするところです．銀行員の経験を生かして販売場所の開拓も行いました．新しい人との出会いや普通ならなかなか会えない会社の上層部の人たちとの会話は学びも多く，楽しいものでした．「子どものために頑張る！」という気持ちよりも自分のライフワークとして楽しみながら続けていきたいと思っています．「いもの子」の活動を積極的に取り組んでいくと周りの人も何かと声を掛けてくれるようになるものです．子どもが「いもの子」に入ってから，ご近所の方たちとも親しくお付き合いすることが増えました．これは思わぬ副産物として，夫婦の人生をさらに豊かにしてくれました．

―これからの「いもの子」に思うことは……

　青木夫妻　「いもの子」は30年でほんとうに大きくなりました．川越では知らない人はいないのではないでしょうか．「ささえる会」もきちんと組織化され，発足当時では考えられないことです．自分たちがそれをやってきたのかと思うと感慨深いです．これだけの活動をやってこられたのは，信頼して子どもを預けられる職員がいたからです．職員の身分保障ももっと考えていかなければいけないと思います．また，入所施設建設費の返済・諸施設の運営費，そして次へステップアップするための資金……まだまだ気の抜けない状況

であり，「ささえる会」の活動のパワーアップが必要と思われます．
例えば，1人1か所新たに販売場所を見つけてくるというのはどう
でしょうか．これで現在600万円の売上が1,000万円になります．
みんなでアイデアを出し合い，できれば父親たちの参加を期待して
います．定年退職された人，いっしょにやってみませんか．きっと
何か得るものがあると思います．

　障害のある人の母親も働く人が多くなり，生活形態も多様化して
います．その中で若いお母さんたちは限られた時間をうまく使い，
よくやっていると思います．皆さんに大いに期待しています．

取材を終えて

　現在は「若いお母さん」と呼ばれている1人ですが，気が付けば，
10年という歳月が経ち，すでにもっと若いお母さんもたくさんい
ます．

　私自身は，先輩たちとつないでいた手を離して，1人で歩き出さ
ないといけない時がやってきているのかもしれません．でも私は今
のこの位置，先輩たちのスカートの端っこを持ってヨチヨチついて
歩いているのが心地いいのです．すべて出来上がってから「いもの
子」に入ってきた私たちは甘く，大人になるのにかなりの時間がか
かりそうです．

　「昔はたいへんだったけど楽しかった」とよく耳にします．親の
生活の多様化や大所帯になったことで，お互いの顔が見えなかった
り，想いを1つにしていくことが難しくなってきているのかと思い
ます．変えてはいけないこと，変えざるを得ないこと，その見分け
が難しいと思います．私自身も方向を見失うことがあります．それ
でも関心をもち続けることが大切と考えるようになりました．今自
分のできること，すべきことは何かをいつも自身に問いかけ，みん
ながそれを実行していく努力が大事なのでしょう．

　先輩方が愛情をもって育ててきた「いもの子」の歴史．今回学ん
だことを後輩に語り継いでいくことは私たちの責任です．縁あって

ここに集った私たちは，ぶつかり合い模索しながらも，信頼し同じ目標に向かってともに歩み続けていきたいと心から思います．

聞き手　小林　規子

鹿島　糸子さん（ささえる会会長15年）のお話を聞いて
資金集めは障害者を世間に知らせる発信源

　私がいもの子作業所を知ったのは，中学生だった長女が「いもの子」のバザーのボランティアをしたことがきっかけでした．障害のある息子が市立養護学校を卒業し就職する時，いもの子作業所は定員いっぱいで，新たな作業所づくりに参加することになりました．何度も何度も家族，職員で話し合いを重ね，川越市福祉課を訪ね，土地探しに奔走し，現在の第3いもの子寿町事業所（当時は第2デイケアいもの子）が立ち上がったのです．そこから出発して「ささえる会」の活動に加わって13年目となります．

　今回は，「ささえる会」会長として15年間務められた大先輩の鹿島糸子さんに「いもの子」での関わりを伺いました．

―息子さんが生まれてから「いもの子」に入るまでを聞かせてください．

　息子は東京都板橋区で3人兄弟の末っ子として生まれました．ダウン症の障害があることがわかった時，障害のことをまったく知らなかったので，たいへん悩みました．と同時に，長男と次男にどう対応したらよいのかとまどい，まっすぐに育たなかったらととても悩みました．幸い，板橋区は国立病院が近くにあって，住んでいた地域の人たちは障害に対して理解があり，協力的なので助かりまし

た.

　就学の前，板橋区立保育園に半年間通い，区立上板橋小学校の特殊学級に６年間通い，その後川越へ引っ越しました．中学校から県立川越養護学校へ入学．高等部になって自宅から路線バスで通学しました．帰りは本川越のバス停から家まで徒歩で帰宅しました．学校の先生が背中を押してくださり，バス通学に踏み切ることができました．その後中等部，高等部と６年通った県立川越養護学校を卒業し，「いもの子」に入りました．

―1985（昭和60）年に始まった「いもの子」の作業所づくりですが，鹿島さんはどのように関わり始めたのでしょうか.

　私と「いもの子」の出会いは町田初枝さん（現，社会福祉法人皆の郷理事長）や下地和代さんとの出会いから始まりました．「重度の障害者を受け入れてくれる作業所が川越にない」そんなお話を聞き，不安だけが広がりました．しかし，２年後に町田さんの息子さんが卒業し，「どんなに小さくてもいいから学校を卒業する人たちが集まって仕事をする場をつくっていこう」ということになりました．

　しかし，資金はどうしよう，どうやって仕事をする場をつくったらいいのだろう．問題は山積みでした．私は「いもの子作業所をささえる会」（以下，ささえる会）の初代の会計で，資金35,000円から始まりました．せんべいを売って資金をつくり，月１回の勉強会で知識を得，１つ１つ解決していきました．

　勉強会では，日本の障害者を取り巻く情勢，制度などを話し合い，学んだことが，何もわからなかった私の土台となりました．そして「どんなに重い障害をもっていても生まれ育った川越で生き生きと働きたい」「川越に不本意な在宅者を出さない」という理念のもと川越いもの子作業所は誕生しました．

　最初は下松原の林の中から始まり，東田町に移動しました．街の中に通えることをとても喜びました．また，街の中であることから「ささえる会」の拠点としても機能するようになりました．そして

母親として「ささえる会」の会計を担当し，いもの子作業所の事務員として勤務するようになりました．

いもの子作業所ができたもののすぐに問題が出てきました．無認可施設では補助金が少なく，「ささえる会」で補うには早晩限界があることがわかりました．そこで「ささえる会」で認可施設をつくることを決定し，動き始めました．「3,000円1万人運動」で資金を集め，土地を探しました．しかし，探し当てた土地で反対運動が起こりました．当時は半径300メートル以内の世帯で1軒でも反対があれば施設は建てられなかったのです．1月2月に小畦川の土手に集合し，2〜3人ずつ分担し1軒ずつお願いに歩きました．「こういう人たちの施設をつくるのは賛成だけど，目に触れるのは嫌だ」と断られたこともありました．とても悔しい思いをし，障害者に対する理解はまだまだと思い知らされました．紆余曲折があり，笠幡へ建設が始まり，柱が1本立った時はほんとうに涙が出てきました．施設が立ち上がった時には，夢をもってみんなで頑張ったからできたんだ，と自信が生まれました．

やっと立ち上がったいもの子作業所に通い始めた息子が，ある日自分の部屋から出られず，いもの子作業所に通えなくなった時期がありました．いくら声を掛けても出てきません．何日か経った時，担当の職員が，朝，部屋まで迎えに来てくれました．そして半日ほど粘り強く話し合って，やっと作業所に行くことができました．ほっとしつつも，ダウン症の子どもにも思春期があるんだ，成長しているんだと実感しました．

認可施設を立ち上げようとがむしゃらに頑張ってきましたが，出来上がっても，重度者が多いため人件費の補助をしないと運営が立ち行きませんでした．それに加えて，養護学校の卒業生の希望が増え，第2川越いもの子を建設することになりました．ここでどんな仕事をしていくのか，いろいろ議論していく中でせんべい製造をやることになり，せんべいを焼くための大きな機械が施設に入り，第2川越いもの子が動き出しました．

木工，せんべい，紙すきなど昼間の作業が充実していく中，親の目が黒いうちに子どもたちが自立する姿を見たいという思いが湧いてきました．そんな人たちが集まって，グループホームができていきました．息子は木工作業を経て，第2川越いもの子作業所に移り，せんべい作業に従事するようになりました．家にまだ置いておきたいという思いもありながら，本人の希望もありグループホームに入居したのです．

グループホームは増えていきましたが，グループホームに配置できる職員は少なく，重度の人たちの入居には制度上の限界がありました．もっと職員がいて，安心できる暮らしの場が欲しいという声に応えて入所施設建設に向けての運動が始まりました．働く場に加え，暮らしの場も充実し，わが子のことを考えても，今はとても安心しています．

―ささえる会の活動にどんな思いをかけてきたのでしょうか．

町田さんが「行くよ」と旗を振って，私はそれに遅れないように夢中で走ってきたような気がします．何かあった時，絶対手を差し伸べてくれる，「いもの子」にはそんな信頼感があります．それがあったからこそ精一杯「ささえる会」の活動をやってこれました．最近入ってこられた方で，「チャリコン（チャリティーコンサート）のチケットを売るのが嫌，自分で買う」と言われる方がいましたが，「ささえる会」の運動は単なる資金集めではなく，障害者のことを世間の方々に知っていただくための発信源なのです．

人との出会いは不思議です．最初下地さんに声を掛けてもらって，町田さんに出会って，「ささえる会」の窓口でいろいろな人に出会って，ボランティア，職員……たくさんの人との出会いが信頼関係となり，それがエネルギーとなって，活動が進んできたのです．わが子の幸福を願って障害者の運動に携わってきましたが，障害者制度が確立しなければ，彼らが当たり前の生活ができないのです．彼らにとってよりよく住みやすい社会になるように若いお母さん方も努

力していって欲しいです.

インタビューを終えて

　鹿島さんのお話を伺いながら，自分のこれまでのことを振り返ることになりました．作業所づくりに関わって，仕事探しも最初はたいへんでした．知人を頼りつつ神社清掃，野菜づくり，内職の仕事を探し，今では作業所内でクッキーを作り，販売をして，とても充実した日々を送っています．人との関わりが大好きな息子は，販売の仕事をしています．今では，私の知らない人間関係もできて驚いています．3,000円の給料が今では14,000円になりました.

　風邪以外の病気はしたことがなかった息子は，23歳の時突然自宅でてんかん発作を起こし，てんかん発作の知識がなかったので，ほんとうに驚きました．今では薬を常用するようになりました．自宅から自転車で通所していましたが，今では送迎車で通所しています.

　何より息子がいもの子作業所が大好きなので，私も励まされ，頑張らなくてはと思います．鹿島さんのお話にもあったように，何かあった時には，いつでも声を掛けてくださいという職員の存在でとても安心できます．また「ささえる会」のお母さんたちのつながりも強く，お互いに協力し支え合っていく会があるのは，いもの子作業所だけではないでしょうか．現在私は「ささえる会」の物品部に所属していて，おせんべい販売を中心に学校や文化祭，会社の社内販売をしたり，「いもの子」製品のお中元，お歳暮の販売をしています．ご支援してくださる方々にはとても感謝しています．これからも互いに健康に気を付けて，障害のある子をもつ親の気持ちは同じ，協力し，支え合っていきたいものです.

聞き手　蟻塚　芳美

先輩方から引き継ぐものは　当事者としての自覚

はじめに

　娘は重度の知的障害を伴う自閉症という障害をもっています．県立川越特別支援学校高等部を卒業して，第2川越いもの子作業所で，出来上がったおせんべいの包装作業の仕事をしています．高等部2年の実習でお世話になったのが「いもの子」でした．

　親の会の活動はとてもたいへんだということは聞いていましたが，障害の種類や重さ，年齢も異なるたくさんの仲間たちと楽しそうに仕事をし，帰りの会で歌って踊っている娘の姿を見て，彼女の良いところを生かせる場所はここしかないと親も覚悟を決めました．

　「ささえる会」の活動では広報部，第28回チャリティーバザー実行委員長を務めさせていただきました．現在（2017年4月）は「ささえる会」事務局長です．

皆の郷の年表づくりから

　2015（平成27）年7月に行った作業所の家族会旅行のバスレクとして「皆の郷のあゆみ年表づくり」を企画しました．これは，皆の郷の公式ホームページの「皆の郷のあゆみ」にあった出来事を年表形式にして，さらに「仲間」「職員」「（ささえる会の）会長，事務局長」という項目を付け加え，どの出来事の時に仲間や職員が入職したか，どなたが会長，事務局長であったかを埋めていくというゲームです．

　旅行は初代事務局長や会計を担当した方々も参加されたので，この企画はたいへん盛り上がりました．スタートは「市民の会に関わ

る障害児者，父母，先生方を中心にプール，遊ぶ会，合宿，活動」という 1986（昭和61）年 2 月の「川越いもの子作業所をつくる会」発足前の事柄からでした．当時の仲間は町田さん，柳沢さん，鹿嶋さん，下地さん．職員は大平先生，大畠さん，松川さん……

「1987 年 11 月の第 1 回チャリティーバザー開催の時は？」と話を振れば，現在もバザーの倉庫番長の伊藤父が「その頃父親の会をつくって活動していて，都内の病院でバザーをやっているのを見て，これはうまくいくと思って始めたんだ」と開催の経緯を話してくださいました．予想以上の大成功で，売り上げの小銭がたくさん入った段ボール箱を（盗まれないかと）ドキドキしながら，夜道を自転車の荷台に括りつけて家に帰ったと当時の会計さんの話が披露されました．「職員の〇〇さんは，入った当時はビートルズみたいだった」など，苦労話と楽しいお話の両方をたくさんお聞きすることができました．

素晴らしい運動家の先輩たちが切り拓いてきたこと

　私が年表づくりを思い立ったのは，実は学生時代に「名古屋新幹線公害問題」の現地調査をするにあたって，問題の推移を理解するための方法として学んだからです．ヒアリング調査で話を伺った住民運動のリーダーたちの姿と，バスでごいっしょしたわが「いもの子」の先輩方の姿が重なります．

　新幹線の騒音によって静かで穏やかであった生活が脅かされ，その自分たちの当たり前の生活を取り戻すための運動がありました．仲間と集い，支援者を得て，やがて原告団をつくり，訴訟という方法を選択しました．結果，自分たちへの賠償という訴訟の結果以外にも，その後の新幹線建設においては緩衝地帯を設けること，周辺住民への防音対策などが紛争を未然に防ぐために計画段階で組み込まれることになったのです．

　これは類似する公共事業計画にも大きな影響を与えました．当事

者として私的な生活を守ることが，その後のより良い社会政策をつくる道筋となったのです．私が学生時代に話を伺ったリーダーたちは，バスの運転手さんだったり，勲四等をいただいた自治会長さんだったり，まさに市井の人々でした．

一方，「いもの子」の歴史は，親たちが障害のあるわが子と向き合い，わが子が生きていくためには何が必要なのかと考え，必要だと思われることに関しては，考えられる方法をすべて駆使してそれを手に入れてきた歴史だと思います．

子育てという私的な行為を突き詰めて行くことが，当事者運動に発展し，やがて作業所，グループホーム，入所施設，相談支援センターと障害の程度と種類を問わない障害者への支援の実践につながりました．さらに市単独補助の重度加算をはじめとするさまざまな制度の構築につながっていったのです．いっしょにバザーの品物を集め，学校や保育園におせんべいを売りに行き，市役所に物申す先輩方は，実は素晴らしい運動家であるということに私たちは気が付くべきだと思いました．

私たちが引き継ぐこと

そんな素晴らしい運動家たちから，すでに立派な施設がある時代にわが子を「いもの子」に託している私たち世代の親が引き継ぐべきものとは何なのでしょう．

この30年間，日本の社会も変わりました．創設時から「いもの子」の運営資金集めに重要な役割を果たしていて，今もチャリティーコンサートと並ぶ「いもの子」のシンボルであり，アイデンティティともいえるチャリティーバザーですが，最近は昔ほど品物が集まらなくなったようです．商習慣が変わり，倉庫に物を置いて商売をすることが少なくなり，在庫を手元に置かなくなり，献品が難しくなったと，企業回りでお会いした担当の方は話されていました．お中元，お歳暮に物を送るという習慣もすたれてきて，家庭に不要な寝具，タオル類といったバザーの売れ筋の商品がストックされることも少

なくなってきました.

　何より, 障害者権利条約でいうところの「他の (障害をもっていない)市民」の多くが終身雇用という労働慣行から外れ, 正規雇用の道が閉ざされ, 貧困と隣り合わせの人生を送るリスクにさらされています. 自分より弱い立場の人に気持ちを寄せる余裕がなくなっているようにも思います.

　ですが, だからこそ, 私たち「が」, これからも障害のあるわが子たちのために, 社会資源をつくり続けなければならないということに変わりはないのです.

　私は, 障害のある子どもの親として, 先輩のお母さんたちから引き継いでいかなければならないものは何かと考えました. それは, 今, 何が必要で, それを手に入れるためにはどんな方法を取れば可能かと真剣に悩み, 考える「真摯さ」. さらに, 選んだその方法が, 今までと同じであっても, 違っていても, 敢えて挑戦していこうという「勇気」. そして何よりもこの問題の解決のために動かなければならないのは他ならぬ障害者家族である私たちなのだということ, つまりは私たちが, わが子たちが生きていく上で出会うさまざまな問題に対して「当事者であると自覚すること」ではないかと思うのです.

(内藤　佳子)

Ⅲ. 仲間や親たちから学び成長してきた職員

人生の主人公として生きることを支える

1. 福祉をめざし,「いもの子」に出会い『石の上にも3年 ……』

　私は1971(昭和46)年,群馬県に生まれ,祖父,祖母,両親,兄,姉に囲まれる7人家族の末っ子として育ちました.父親は建材業を営み,祖父母と母親は養蚕,こんにゃく芋,シイタケ栽培などの農業を営んでいました.そのため自宅にはダンプカーやトラクターなどがあり,幼い頃は父親の背中を見て「ダンプの運転手」にあこがれていました.

　私には東京に住む1つ年下の自閉性障害を伴う重度知的障害のいとこがいます.その彼と成長をともにする中で,自分は学校を卒業したら働くけれど,彼はどうするんだろうと小学校6年生頃から疑問をもつようになりました.いとこの母親である叔母は,「養護学校の先生が不足している」と嘆いていました.その後,中学・高校時代に自分の進路を真剣に考え,福祉に関心をもつようになりました.大学で社会福祉を学び,障害者の作業所があることを知り,ボランティア活動や現場実習を経て,作業所で働くことを選んだのです.

　1994(平成6)年,大学を卒業した22歳の私は社会福祉法人になって4年目の「川越いもの子作業所」に入職しました.当時は,30名定員の知的障害者通所授産施設で重度知的障害,行動障害,重症心身障害の仲間たちが多く,その障害が重度であることに驚き,こ

こで働いていかれるのかまったく自信がありませんでした。とにかく毎日が慌ただしくて，忙しくて，体が疲れ切っていた記憶しか残っていません。朝は8時半ギリギリに出勤し，仲間の休みだけ確認して，1日の打ち合わせもままならず送迎車の運転。作業所に戻るとすぐにトイレ介助やパニックを起こす仲間の対応，木工作業の大量注文が入ることもあり，職員も糸のこを挽いたり，ボール盤で穴開け作業をしました。やっと昼になって，食事介助が終わると休む間もなく，トイレ介助，帰りの送迎車の運転……あっという間に毎日が過ぎていきました。さらに夕方には，帰宅後自宅から行方不明になった仲間の捜索が頻繁にあり，夜は7時半から運営費補填のためのチャリティーコンサートやバザーの会議などがあり，経験が浅かった私は，先の見通しがもてず，日々の労働や障害者運動に精一杯でした。それでも，一人ひとりの発達課題に合った作業の工夫や週に1回のクラブ活動など丁寧に実践する職場であり，「いもの子」への信頼が深まっていきました。

　「石の上にも3年，いもの子にどっぷりとつかってください」これは，理事長でもあり，障害のある仲間の母親でもある町田さんとの連絡ノートの初日に書いてあった言葉です。今でこそ，どっぷりつかっていますが，しばらくはこの言葉の通り，耐える日々であったのかもしれません。

　そんな無我夢中の1年目に近隣の他施設との合同実践検討会があり，先輩職員と自閉性障害をもつOさんのレポートを書きました。実践の文章化は難しく，ビデオを通して自分の声掛けのまずさに気づきました。その中で自閉性障害のOさんは「人と関わることが嫌いなのではなく，人と関わろうとするところに障害がある」ことを学び，自分の未熟さを恥じる一方，とても勉強になりました。その後，毎年行われている実践検討会の礎になっているものです。

2．仕事に自信　でも仲間を主人公にできなかった

　入職後3年間が過ぎた1997（平成9）年，「第2川越いもの子作

業所」が開所し，25歳の私は異動となりました．「第2川越いもの子作業所」では，せんべいの製造販売と公園清掃作業，重度重複障害の仲間たちは，専用の部屋で機能訓練ができるようになりました．

「いもの子」でグループホームが始まろうとするこの時期，「親から離れた仲間の自立」が大きなテーマでした．年金と工賃で生活をしていくという新たな課題が出てきて，職員として，より高い工賃をめざすことの必要性と難しさを感じ始めた時期でした．

一方で，「いもの子」を利用する仲間が増えるとともに障害が多様化してきました．バブル崩壊後の景気の低迷も影響し，これまでは一般就労をしていたような軽度の知的障害のある仲間の利用が徐々に増えました．私にとってこの時期は，精神障害を伴う軽度知的障害のある人への支援に悩む日々でした．

私の関わったSさんは，家庭での暴力や職員の自宅への頻繁な電話，異性や結婚への興味，将来への不安など多くの悩みを抱え，自己実現できない自分を感じていたのだと思います．精神科への通院もしましたが，職員としてもどう関わればよいのかわからずに，問題行動を本人の責任とし，叱りつけるような言葉掛けをすることもありました．私個人としても職員集団としても見通しがもてないままでした．

2000 (平成12)年，28歳の私はSさんとの関わりを総括できないまま「デイケアいもの子」(現，第3いもの子東田町事業所)に異動となりました．

私は，職員として7年目となり，それなりに仕事への自信もありましたが，自分の実践を客観的に捉えることができず，自分の主観や思い込みのまま，仲間とその家族に関わったのです．養護学校卒業後，「いもの子」に入所して1年目の仲間でしたが，私の自宅に電話をかけてきたり，家庭では両親に対してイライラが募ると暴力をふるうことがありました．ある日，その仲間の両親が作業所に相談に来ました．私は担当職員として面談し，状況を聞いた後，両親にアドバイスをしました．しかし，そのアドバイスは仲間のほんと

うのニーズや願いに寄り添い，家族の意向を大事にしたものではなかったのです．一方的に精神科への通院を勧め，問題行動を直すことを両親に求めました．仲間のことを受け止めるのではなく，もっと自立すべきと考え，突き放すような対応をしてしまいました．

　その結果，両親が私に対して不信感をもち，その仲間は「いもの子」を退所することになりました．今でもたいへん申し訳なく思っている出来事です．この一件を通して，「自分は福祉の仕事に向いていないのではないか」と転職を考えました．仲間に寄り添うことを大事にして，家族と協力してきた「いもの子」の実践を踏みにじるような結果に自信をなくしました．さらに周りの職員と話し合って方針を決めずに仲間や家族を傷つけてしまったことを深く後悔し，その場を逃げ出したい気持ちでいっぱいでした．当時の中村良子主任に仕事を辞めたいと言ったこともありました．中村主任は，「何を言ってるの，あなたはわざと人を陥れるようなことをしたんではないでしょ．ちゃんとできなかったことは反省して，いっしょに頑張りましょう」と言ってくれました．ほんとうに救われた気持ちになりました．

　そんな私の実践を振り返るため，法人の職員が集まり全体職員会議が開かれました．この全体職員会議では，私個人の資質の問題だけでなく，全体の共通課題として話し合ったのです．その会議を経て，自分の実践を振り返り，反省点を確認しました．そして，先輩や同僚に励まされ，仲間の家族からも声を掛けてもらいました．このまま辞めてしまったら周りの人たちに申し訳ない，この経験を若い職員に伝えていこうと考え，うつむいてばかりではいられない，退職せずもう一度頑張ろうと決意したのです．

　私たち福祉職の支援は，仲間のニーズや願いから始まるということを失敗から学びました．また，個人個人の生き方を尊重することも学びました．このことをきっかけに自分に足りなかった援助技術の向上や障害，発達保障などの学習の必要性を実感し，個別援助技術やケアマネージメントの手法の研修を受けました．社会福祉士の

資格も取得しました．仲間への声掛けや実践への怖さがなかったわけではありませんが，学習を力にして「まだ若いんだから，やり直すぞ」と自分に言い聞かせたのです．

私にとってこの時期は，「デイケアいもの子」の建替え計画を断念せざるを得なかったり，送迎中に交通事故を起こしてしまったり，作業所が空き巣に入られたりといろんなことが重なり困難な時期でしたが，退職せず職員として成長できた時期だったと思います．

また，介護保険制度が始まったこの時期，福祉保育労働組合の役員をしていたこともあり，「いもの子」の関係者だけでなく，同じような職場で働く者同士が支え合うことや福祉労働者の労働条件や社会的地位の向上も合わせて，捉えることが必要であると学び，ほんとうに貴重な経験と職員としての質的な転換期となりました．

3．心機一転，「まだ若いんだから，やり直すぞ！」

2003（平成15）年，「第2デイケアいもの子」（現，第3川越いもの子寿町事業所）開所に伴い，また異動となり，今度は施設長として新たな課題に直面しました．入職後10年目の節目，31歳の時です．「第2デイケアいもの子」は，養護学校卒業後の働く場として，高校3年生の子どもをもつお母さんたちが中心になり，在学中のお母さんたちにも声を掛け，作業所づくり運動によって開所しました．当時の川越市は，日中活動としての働く場の定員には空きがあり，市の担当課は新たな働く場である「第2デイケアいもの子」の承認に消極的でした．しかし，数字上は空いていても他の施設では，仲間たちのニーズに合わず，何度も担当課との交渉を重ねました．交渉には養護学校の教員も出席し，お母さんたちが必要性を必死に訴え，承認を得たのです．同時に作業所の建物探し，作業内容の検討，予算づくりなどを行い，「第2デイケアいもの子」が出来上がりました．

借家の作業所にはエアコンもなく，壁には隙間があり，砂埃は入るし雨は滴り，送迎用の車両も中古車，職員は私ともう1人，パー

ト職員の西塚次郎さんの2人から始まりました．しかもお母さんたちと作業内容を検討したものの何をやるか決まらず，そのための設備投資もできませんでした．しかし，前述の失敗を経て「まだ若いんだから，やり直すぞ」という気持ちであった私には，まさにうってつけの状況だったのかもしれませんでした．わずか6人の仲間から始まったこの大切な作業所を「絶対につぶさないぞ」と頑張りました．

作業はパート職員の西塚さん宅の近所の工場でやっているお菓子の箱に紐を通す内職をもらうことができました．スワンネット（ヤマト福祉財団とヤマト運輸が設立）の野菜販売も始め，近隣へのあいさつを兼ねて積極的に訪問販売にも出かけて行きました．自治会長をはじめ，近隣の方たちはとても好意的で多くの方に快く受け入れてもらえる地域でした．神社清掃や農作業，洗濯バサミの組み立てや靴下の販売，廃油せっけんづくり等々，何でも取り入れてチャレンジしました．養護学校を卒業したばかりで社会人になった仲間たちは，新しい作業所ゆえに先輩の仲間がいません．職員も仲間たちといっしょに手探りで「社会で働く」ということを学び，お給料の使い方を覚え，日々成長していることを実感することができました．

ところが，「第2デイケアいもの子」の1年目の運営費はなんと600万円の赤字でした．「ささえる会」からの繰り入れなしでは，運営できませんでした．申し訳ないという気持ちがある一方で，障害のある仲間たちの働く権利を保障するために欠かすことのできない地域の社会資源ができたことに誇りを感じながら働くことができ，多くの方への感謝の気持ちが改めて思い返されます．ここでの4年間は私にとっては職員としてやり直すための「リハビリ期間」でした．

障害のある仲間たちが川越の中で働き，成長する姿に触れて，また作業所を利用したいという相談が次々に来ることを通して，地域の中に作業所があることの大切さを改めて学びました．しかし，小

規模作業所では財政基盤も弱く，生活全般を支えることは到底できません．暮らしの場，余暇活動の保障，経済的な自立，医療との連携など問題を抱える仲間たちはたくさんいます．法人としての努力とともに川越や埼玉の中で障害者問題に対するネットワークや制度を前進させるための運動が必要であると痛感するようになっていました．そんな時に，私は成人期の労働や生活を支える事業所で構成される「きょうされん」の川越市ブロックの役員となりました．多くの人たちとのつながりの大切さを強く意識するようになり，その後の自分自身の働き方に深く影響を及ぼすこととなりました．

4. どんなときも，仲間が主人公

2007（平成19）年に再び「デイケアいもの子」に異動になりました．前述の通り，デイケアいもの子では，自分の思い上がり，不勉強で仲間との信頼関係をなくし，仲間が「いもの子」を去るという情けない経験をしていました．今回は施設長としての異動であり，前回の失敗を生かしたいと一所懸命に仕事をしました．障害者自立支援法が施行されたことに伴い，2009（平成21）年「デイケアいもの子」と「第2デイケアいもの子」が合併して，生活介護事業と就労継続支援B型事業の多機能型「第3川越いもの子作業所」となりました．法人では，入所施設の建設が進み，新たな時代を迎えていました．

その当時出会った仲間たちは，精神的ストレスや適切な福祉の支援を受けておらず，社会生活が困難な人．生活に困っても相談相手もなく，心を許せる居場所もなく，自分を評価してもらうこともほとんどないというような仲間たちが多かったようです．比較的ゆったりした作業環境であった当時は，仲間たちが主体的な労働を通して，環境も大きく改善され，自信を取り戻していきました．もっと働けると前向きに自分の人生を捉え，一般の会社で働きたいという仲間が，第3川越いもの子作業所から旅立ち，一般の会社で働くようになりました．

そして，ちょうどその頃，川越市に「西部地域振興ふれあい拠点

施設」という 1,700 人規模のコンサートホールを構える公共施設と民間の商業施設が集まる大規模事業の構想が始まりました.

その公共施設の建物に「福祉喫茶」をつくりたいという川越市からの一報を受け，障害のある仲間たちの働く場を増やすために，法人として「福祉喫茶」の事業をやりたいと意思表示をしたのです.川越駅前に「いもの子」のお店をもつことができる，そこで仲間たちが生き生きと働く，こんな素晴らしいことはない，とわくわくするような話でありました.しかし，その当時の私は「誰が担当するのだろう.担当者には,たいへんだけど頑張って欲しいな」と思い,傍観者であったのです.

その後，当時の担当職員を中心として川越市への事業計画についてプレゼンテーションを行い,「福祉喫茶」を「いもの子」でやることが決まりました.具体的には,焼き立てパンとおいしいコーヒーを提供するお店とし，基本設計のことや設備に関することなどを当時の担当職員が川越市と話し合い，概要を固めていきました.

当然その時もまだ，自分が担当することになるとは考えてもいませんでした.状況が変わったのは，その直後です.焼き菓子製造を行っていた第3川越いもの子作業所が,「福祉喫茶」を担当することになりました.

その後「福祉喫茶」を担当する職員の退職や人事異動などが相つぎ，施設長として自分の責任が増していきました.障害のある仲間たちの所得保障をめざし,経済的な自立を果たすため「福祉喫茶」は,就労継続支援A型事業とすることを決めました.ここで働く仲間とは，施設利用とともに労働契約が結ばれます.文字通り労働者として仲間たちが働くのです.法人内の仕事であるならば，どんなことでもやるという意識は人一倍強いと思っていましたが，基本的に休みなく毎日営業するお店で，仲間たちに最低賃金の給料を払い，市民の皆さんに喜んでもらえるサービスを提供する，というこれまでの作業所とはかなり質が違う事業所の立ち上げでした.オープンに向けて準備を進めている時は，期待と不安が入り交じり，責任の大

きさを実感し，プレッシャーに押し潰されそうになることもありました．そんな時は，障害のある仲間たちの働く場が増える，しかも行政のバックアップを受けて川越駅前にと，この事業の趣旨・目的に立ち返り気持ちを奮い立たせました．

　「福祉喫茶」の名称は，「カフェ＆ベーカリーどんなときも」（以下，「どんなときも」）に決定しました．それから実際に「どんなときも」で働く仲間たちを募集しました．仲間や家族，支援者向けに説明会を開き，特別支援学校進路担当の先生や障害者就労支援センター，「いもの子」の仲間たちや家族が顔を揃えました．まずは，６人の仲間が決まりました．そして，スローガンとして，

　　どんなときも　美味しいパンを！
　　どんなときも　障害のある人が主人公で働ける場を！
　　どんなときも　障害のある仲間が集える場を！
と掲げました．

　「どんなときも」で働くことになった仲間たちは，それぞれの人生の中でさまざまな経験をしてきましたが，パンづくりや接客の仕事は，初めての人ばかりでした．そして，社会で働く中で，障害ゆえに苦労を重ね，順風満帆とはいかない人生を歩んできた人が多く，「どんなときも」の存在価値が試されているのではないか，と思いました．

　知的障害があるＡさんは，会社で働いていましたが，上司の指示がわかりづらいなどの理由で，会社に行きたくなくなり，転職を繰り返していました．第３川越いもの子作業所を利用している時に，同じ作業所の仲間であった女性と結婚しました．第３川越いもの子作業所で，リーダー的な働き方をしていたＡさんは，パンを作ること，接客をすることにたいへん興味をもち，「どんなときも」で働くことになりました．Ａさんは，とにかくお客様のことを一番に考え，やや不器用なところもありますが，一所懸命に働きます．Ａさん夫婦は，当時生活保護を受給していましたが，「どんなときも」

での給料と障害基礎年金を合わせて，生活保護水準より多い収入を得るようになりました．以前の会社では，上司の指示がわかりづらかったのですが，「どんなときも」では，Ａさんに合わせた配慮ができます．そして，もっと働きたいという意欲を見せ，自信に満ち溢れています．「どんなときも」に欠かすことができない存在です．

Ｂさんは，若い時にデザイナーとして会社で働いていましたが，電車の中などで他人の咳が気になるようになり，ストレスから退職し，40代までの20年間引きこもり生活をしていました．精神科病院でのデイケアを利用するようになり，Ｂさんは，理解のある人たちに囲まれ，社会との接点を徐々に増やしていき，再び働きたいという気持ちが生まれ，病院のデイケアの職員と相談に来たのです．まずＢさんは第3川越いもの子作業所（就労Ｂ型）で週に2日，午前中だけ働きました．Ｂさんの意思を尊重し，少しずつ働く日を増やしていきました．パンづくりに興味があったＢさんに「どんなときも」で働かないかと声を掛けました．オープンから2か月遅れて，Ｂさんは，「どんなときも」の仲間になりました．今でもＢさんは，人と関わることが基本的には苦手です．しかし，厨房でパンを作ることに関しては，技術の向上が目覚ましく，Ｂさん自身も「こんなにできるとは思わなかった」と驚き，やりがいを感じて働いています．ストレスが溜った時には，私とじっくり話をして，気持ちを立て直しています．現在は，週5日で1日5時間以上働き，収入が得られるようになりました．その結果スマートフォンを持ち，趣味のカメラを楽しみ，同居する両親への遠慮が減ったようです．今後Ｂさんは，どんな夢をもっていくのか，楽しみにしています．

他の仲間たちにとっても，「どんなときも」は生活の糧を得る場であり，新たな挑戦の場であり，やり直しの場であり，自分の居場所です．一人ひとりが「どんなときも」での労働を通して，豊かな人生と当たり前の暮らしを実現することを願っています．そのためにも，毎日おいしいパンを作り，サービス業としての素敵なおもてなしをして，お客様に喜んでもらうことが大切です．もっともっと

仲間たちが主人公として働く「どんなときも」になるように努力していきたいと思います.

5. 学んだこと，伝えたいこと，新たなスタート

1）社会の理不尽さに立ち向かう

　大学を卒業して「いもの子」に就職した頃は，福祉の仕事を漠然と捉えていたように思いますが，23年間の経験で学ぶことが多くありました.

　1つ目は，社会の理不尽さに立ち向かうことです.障害のある人たちが人生の主人公として当たり前に生きる権利があるにもかかわらず，当たり前に生きることは難しい現実があります.しかし，「いもの子」は，仲間や家族の願いから出発し，不十分でも制度を活用して働く場や暮らしの場をつくり，さらに制度を改善させ，暮らしやすい社会に変えていく運動をしています.「障害がある」というだけで，あきらめるのではなく，どうしたら，当たり前に生きることができるのか，常に考えるようになりました.「ささえる会」や「きょうされん」の活動こそが，私の原点です.たゆまぬ努力の末に今の「いもの子」があるという現実と親たち一人ひとりがわが子のために活動をする姿には心から敬意を表します.

　日本の社会福祉・社会保障制度は，自己責任論が強まっていますが，個人の努力に帰するのではなく，当事者が声を上げてつくり出すのだということを学びました.

2）民主的に進める

　2つ目は，民主的に話し合いを重ね，進めることの大切さです.「いもの子」では毎月1回日曜日の午前中に家族と職員が集まり，「ささえる会」運営委員会が開かれます.仲間たちが生き生きと働く様子が報告され，暮らしの場の課題や障害者福祉の情勢も話し合います.

また，各施設には，仲間の自治会があり，毎月1回話し合いが行われています．障害の重い人たちの話し合いには難しい面もありますが，この積み重ねこそ，仲間が主人公として生きる力を育んでいると思います．「私たち抜きに私たちのことを決めないで」という障害者権利条約の基本にある考え方は，すでに「いもの子」の中にはあり，仲間の自治会を尊重することは仲間たちの権利意識を高め，支援する職員にも大きな影響を与えています．

　そして，民主的な職員集団のあり方もとても大切です．先輩職員から学ぶことが多かった私は，いつしか自分が先輩職員になり，「いもの子」の理念や人権意識，仲間に寄り添った実践などを伝える立場になりました．でも，私たちは1人で支援しているのではなく，職員集団として，仲間の人生を支えているという意識が求められます．毎年行われる実践検討会を通して，仲間のことを深く掘り下げて語り合う機会があることで，着実に「いもの子」の職員は仲間が主人公となる実践力を高めていると思います．

　実践も運動も成果と課題を確認して，積み重ねが大事なのです．民主的に一人ひとりの考えが尊重され，活発に意見交換ができる組織として，さらに発展させたいと思います．

3）国民的な運動を

　3つ目は，福祉保育労動組合やきょうされんの活動を通して，「いもの子」以外の職員・仲間・家族と出会ったことです．日本の社会は障害のある人たちやその家族にとって厳しくなっていきます．福祉職場で働く職員にとっても恵まれた環境ではないことも事実です．その厳しい情勢に立ち向かう姿勢を多くの人たちから学び，それらのつながりの中でけっして孤立することなく，社会を変える運動に志をもって取り組むことです．

　20代の頃，福祉保育労働組合の役員として活動して学んだことは，障害のある人は施設や作業所の中の狭い世界の存在ではなく，社会の中で生活する人間であるということでした．さまざまな分野

の労働組合の人たちと知り合い，社会全体の中での福祉労働者や障害のある人たちを捉えるようになりました．労働者の目線は，生活者の目線であり，自分自身の労働を見つめ，仲間たちの生活者としての貧しい実態が見えるようになりました．

　障害者自立支援法への反対運動と権利としての福祉制度をつくり上げていく現在の障害者運動では，人としての尊厳を守る闘いであるということを強く意識するようになりました．障害者自立支援法違憲訴訟の原告として立ち上がった全国71人の勇気ある当事者から学んだことは，自分のためだけに闘っているのではない，社会のあり方を変えなければならないという熱い思いがあるということでした．

　2011（平成23）年の東日本大震災では，きょうされんは他団体と協力して，献身的に被災地支援をしてきました．そこには，困っている人がいたら手を差し伸べるという福祉の原点がありました．

　2013（平成25）年からは生活保護基準引き下げに反対する裁判を支援する活動に関わっています．「どんなときも」のＡさん夫婦は，生活保護を受給していた時に生活保護費が削減され，将来への不安や国に対する怒りが込み上げ，裁判の原告になっています．Ａさん夫婦とともにこの運動に関わることで，障害分野を超えて，社会保障全般に渡る国民的な運動が大切だと意識するようになりました．

4）仲間が自分の人生の主人公になる

　最後に「いもの子」の仲間たちから学んだことです．それは，主人公として生きるということです．重い障害ゆえに自分で決められない，あるいは決めてもらっているということがあります．しかし，「いもの子」の仲間たちは，それぞれ自分の意思をもち，かけがえのない人格として存在し，自分らしく生きようとしています．私は，障害のある仲間たちの目線になることができず，支援する者として数々の失敗を重ねてきました．仲間たちの世界に共感し，寄り添い，ともに悩みや課題や困難に向き合うことが大事であると失敗から学

びました．ともに過ごしてきた仲間たちは，年齢を重ねることで，労働に対してたくましくなったり，人に対する表情がやさしくなったり，苦手な人を受け入れられるようになったり，気持ちを伝える言葉が増えたり，いろいろな姿を時の経過の中で見せてくれます．仲間が自分の人生の主人公となる手助けをしたい，一人ひとりの労働や生活を大切にしたい，そこに職員としての仕事の醍醐味を見出せるようになってきました．

おわりに

　2012（平成24）年，町田理事長他5人の職員で，福祉先進国である北欧のデンマークへの研修に参加しました．障害をもって生まれても，法律や制度により，人として当たり前に生きることができる社会であり，人々の人生に対する考え方が日本とは違い，個人が大切にされ，権利意識が高いと痛感しました．そして，そのような社会は初めから存在したわけではなく，自らの手で国民が選択してきた歴史があるとわかりました．

　障害者権利条約の批准で日本の社会は変わるはずです．しかし，何もしなければ，社会は障害のある人や弱い立場の人にとって，暮らしやすくはならないのです．自分たちが主体的に暮らしやすい社会をつくるように働きかけていくことが大切だと思います．

　最近になり，職員を続けてきてよかったと振り返り，実感しています．多くの方に助けてもらってここまで来ました．その方たちに感謝しつつ，これからも真摯に仲間たちと向き合い，実践と運動を積み重ね，仲間と家族，職員，そして社会の中で弱い立場の人たちが安心して暮らせる世の中にできるよう新たなスタートを切りたいと思います．

（湯浅　俊二）

終章
仲間たちが教えてくれたこと

川越のシンボル「時の鐘」の前で

いもの子のシンボルマークいも太郎

『マニュアル人間』という本を書こうとしていた．学校で，そして障害児者や高齢者の施設や病院でも，競争社会にある企業においてさえ「マニュアル人間」が増えている．周りの人たちの存在や価値は理解し，それなりに関わっている．しかし，それ以上は「マニュアルに従っていればいい」で終わっている．相手の心を読み取り，寄り添おうなぞと余りしない．悩まないで済むからだ．施設で働いていても同じことが起こる．

道具は文化

さて，学生時代，近江学園の糸賀一雄先生（日本の障害者福祉を切り開いた人で「社会福祉の父」と呼ばれる）をお訪ねし，先生のご案内でご馳走になった．翌日，信楽寮に行き池田太郎先生（糸賀一雄らとともに近江学園などを創立した）にお会いし，夜まで仲間の活動に参加した．重い仲間ほど道具を使い，粘土という素材に立ち向かっていた．信楽焼きである．

労働と学習，自治活動，そして文化の大切さを学んだのもここだ．

その後私は，知的障害児の入所施設である国立秩父学園の職員となった．

秩父学園では，どのグループでも仲間に入れず課題に乗れない「多動・寡動」の，児童施設とはいえ17歳以上の「強者5人（のちに6人）」でクラスを編成し，実践を開始した．「マニュアル」はない．道具を用い，素材に立ち向かっている信楽寮の仲間たちの実践に学びつつ，秩父学園での私の実践が始まった．

家庭用の電動道具を使って木製の暖簾を作った．うんうん唸るモーターを前に作業が始まったのだ．これでは機械に使われっぱなしだ．モーターが動いていれば，それに引かれて仲間は手を出す．仲間が考えて機械を動かしているのでなく，機械のいわば命ずるままに仲間が動いている状態を機械が人間の行動を規定していることから，規定性と呼ぶことにした（規定性）．しかし，仲間は動き始めたのだ．自ら教室に集まり，道具を設定するようになった．そして，

仲間とともに別の仕事を見つけた．木を切り，鉈で割り，薪を作った．機械は道具である．機械に使われるのでなく，人は意図を持ち，そのために必要な道具を自ら設定したり，操作できるようになる（規定性から操作性へ）．実践は評判となり，みんなが散歩の途中に教室を覗いてくれるようになった．この実践は今でも語り継がれている．なぐり書きレベルではあるが集団画や劇にも取り組んだ（詳しくは自著『障害の重い子どもたち』ミネルヴァ書房，1973）．

障害児保育から作業所づくりへ

これから触れる「なおちゃん」の話と「いもの子」の話に直接のつながりはない．まだ話しことばをもたない「なおちゃん」が高階保育園に入った．それを機に多くの人たちで川越市に障害児保育制度をつくったが，なおちゃんが電車事故にあった．みんなでなおちゃんの本（なおちゃんの本をつくる会編『言葉なく指したる道を』ミネルヴァ書房，1977）を出版した．こうした力が今の「いもの子」をつくる原動力の１つになったとも思っている．

市内下松原に，いもの子作業所が開所，その後移った東田町の作業所に行った時のことだ．紙すき班の男性が道具の使い方と工程を，女性がさまざまな製品を私に生き生きと語ってくれたことを今も覚えている．

さらにアルミ缶リサイクル班があり，別室で機械に向かっていた．ところが庭に１人，ただ立っているだけの青年がいた．アルミ缶リサイクル班に所属となった入ってきたばかりの自閉的傾向をもつ仲間だという．私はこれを「姿勢の同一性保持」と呼ぶことにしたのだが，姿勢を崩さない青年だった．

圧縮機のところに籠ごと持っていけば済むのに，私は籠に入った缶を庭にいた彼の目の前にあけ，空き缶を１つ渡した．彼は，それを受け取り，空になった籠に入れ，私と目を合わせた．１つ１つ渡していった．そのたびに私と目を合わせて缶を入れてくれた．彼も施設に入って間もなくで，おそらく何をどう関わったらいいのかわ

からなかったであろう支援員を脇目に，私は関われた．「さすがぼく，ぼくだから関われたのだ」と，悦に入っていた．

　彼と取り組んだ籠に入った缶をあけ，元に戻す．一見無駄な作業である．しかし，子どもや仲間と関わる手がかりは，こうした非能率的で無駄と思える場から生まれてくるのである．やってみることが大事なのだ．あとは道具があるかないかだ．籠も大事な道具の1つである．籠があるから仕事が成り立った．道具がもつ規定性が子どもや仲間から行動を引き出していく契機となるからだ．「道具」は人類が編み出した文化である．

　この時，他の仲間たちが，空き缶回収からリヤカーで帰ってきたのだが，先ほどの1人で孤立していた彼のことを気にしていたらしい1人の男性が，缶潰し機のある部屋の外側の扉から顔を出して彼を見た．彼は，その男性に気持ちを切り替え，缶をその男性に向けて投げ始めた．この時，私の存在意義は彼から消えていた．彼が求めていたのは，私ではなく友だちであり，本音は仲間と関わりたかったのだ．

おとなになるということは

　おとなの発達は，認知能力と関わりながら，その能力を超え，新たな力を発揮し出す．どんな労働が対象となるか，それが新たな力の量，そして発達の質を変えることもある．

　したがって，知的労働を含め，労働はその対象を幅広くもち，与えられ，求められた内容を超え，はみ出したりもする．この内容の選択は労働主体，すなわち仲間に委ねられる．一所懸命になるかならないかは仲間がどんな内容の労働と関わっているかによる．たくさんの仕事が用意されている必要がある．

労働の拡大

　川越に在宅のままの障害者を残さない．その理念に立ち，「いもの子」は3つの作業所と1つの生活支援センター，重症の状態にあ

る障害者の通所施設，たくさんのグループホームなどをつくってき
た．笠幡のいもの子作業所は，多機能型障害者支援センターとして，
入所施設を抱くに至った．木工，印刷，いもの子せんべい，アルミ
缶リサイクル，クリーニング，ベーカリーを出店し，焼きたてパン
とコーヒーを販売，製麺工場ではうどんなどと，労働対象を広げ，
治具を含む道具の開発もさかんに行ってきた．木工では，可愛い製
品が多く，全国のデザイン賞もとった．

　年に一度実践検討会が開かれ，多くの実践をもって職員が集まる．
他の施設からの参加者も少なくない．私の貴重な学びの場でもある．
そこで紹介された一本の映像が忘れられない．単純な一場面である．

「ジュース買おうよ」

　自閉性児者には，それまでの取り組みの弱さから定着してしまっ
たがゆえのこだわりが少なくない．

　録画の中の彼は，外に出て，昨年の課題だったという「缶集め」
に没頭し出す．こうした時彼にことばなぞかけようなら，落ち着か
なくなり，爆発的行動が出かねない．かかる混乱を避け，「次は何，
次は何」をパターン化して与えていけば，彼らは落ち着く．「マニュ
アル人間」の形成である．ある自閉症の解説本では，そうすべきと
書いてある．その本には「（『こうしてこうする』パターンを与え形
成していく）かくして彼らの人生は決定される」とも書いてある．

　何を言うか．どんなに障害の状態が重かろうと，彼らの人生は，
彼ら自身が失敗し，悩みつつ築いていくものだ．録画の中でその支
援員は，繰り返し「ねえ，ジュース買おうよ．ジュース買おうよ」と，
ある意味では青年にちょっかいを出している．たかがそれだけなの
に，これがきわめて大事な一言なのだ．

　録画の中の青年は，紙クズにもこだわりをもち，紙クズがあると
拾って建物等の隙間に詰め込む．朝，施設に行くと紙クズをトイレ
に詰める．彼の１日の始まりである．

　これが大変だ．私が国立秩父学園に在職していた時にも１人いた．

当時の私の仕事は，朝，生活棟に着くなり，まずトイレ，次が汚水溝の掃除，その後に着替え，そして食事，クラス指導だった．

さて，映像に戻ろう．しばらくして，彼は缶集めの手を休め，ポケットからお金を出しジュースを買った．拍手を贈りたくなった．その日，彼は，最後にいもの子せんべいの袋のシール貼りに参加しているが，消毒着に着替え，シール班に参加できたことより，自ら気持ちを切り替え，ジュースを買ったことのほうが意義は大きい．

この社会は迷うことに満ちている．私たちは，その1つ1つについて自ら考え，決定し，行動していかなければならない．だから，「気持ちの切り替え」を彼が自らできたこと，それが素晴らしいのだ．他にも次のような実践報告があったと記憶している．

「私たちは，彼らの行動が混乱しないようにと，ぶつけるべき課題をひっこめてしまうことがある．それではいけない．矛盾をぶつけてこそ，彼らは社会に出ていく力を獲得していくのだ」と．生きる力はこうして育まれるのだ．

彼らがもつ力を見失ってはいけない．「いもの子」で入所施設設立の際，障害が決して軽くない彼らの入所形態の基本を個室制にすると聞いて，「ほんとに大丈夫か」と心配のあまり，私は別の施設を見せてもらった．

しかし，理事会で次のような報告を聞いて安心した．それぞれ，自分の部屋を自分の部屋とし，落ち着いている．1人の青年は友だちを求め，隣室の友だちのベッドに寝ていたという．

生きるとは

ある男性は，学齢期を含む困難な人生史を抱え，「いもの子」に入った．支援員が2年にわたり彼の心を読み取り，関わってきた．そうした中で彼は見事に変身し，労働と仲間をおそらく生きがいとするようになった．その様子は，その後，「いもの子」が作成した音楽CDのカバーとなっている働く写真が物語っている．「いもの子だーいすき」と親に伝えるようになり，表情が明るくなり乗馬を体験し

た時も背筋を伸ばし，ある女性との関わりが生まれ，「問題」あるいは「症状」と捉えられていたものがなくなっていった．なお，それにしても，この変身に関わってきた担当支援員の「待つ」努力はいかばかりだったかと思う．

行動障害

　適切な支援があれば，彼らの主体的努力によって，「行動障害」は乗り越えられる．こうした事実の一方で，行動障害ということばがよく使われ，いろいろな研究会の分科会名に出てくることが少なくない．しかし，行動障害なぞという障害は，そもそもないはずだ．心身に障害をもってはいるものの，その障害とは本来関係なかった行動上の問題が生じている不幸な状況をもって「行動障害がある」と言っているにすぎない．そのことを私たちは発達障害者の行動特徴とか，精神障害者や身体障害者等，それぞれが抱えやすい障害固有の特徴として問題行動を指摘してきた．「いもの子」の実践は，それらの起因は社会から派生するものであり，それぞれを障害固有の行動と捉えてはならないことを示唆してきた．

　こうした見方の切り替えは，これまでの医学的障害の捉え方から，社会参加と主体的な活動が柱となり障害を軽減させていくという社会的な方向に障害の見方を変えていった ICD − 10 の動き（WHO『ICF 国際生活機能分類』中央法規，2002）と一致している．米国精神医学会も長年にわたり多国間で使われてきたカテゴリー分類といわれる DSM − Ⅳ − Tr を止め，DSM 5 に切り替えた（米国，2013；邦訳，2014）がその動きとも一致している．

集団に加え，異性，世代間のつながり，そして愛する気持ちを

　わずか4年間（発表年を合わせると 2013 ＜平成 25 ＞年までの5年間）であるが，実践報告会の5つの分科会すべての報告書を検討してみた．2009（平成 21）年には「仲間たちの『自律』の育ち」が

語られた．2010（平成22）年の報告からは，「仲間が抱く『不安』に支援員が心を傾け，それを集団と労働が支えている」実践が「自律」を育てていくことを学んだ．

2011年度（2012年2月）の各分科会から学んだ特徴を挙げてみたい．

彼らは自分たちの実践を通して「生産価値」の大切さを学び，「仲間といっしょだから」と仲間といっしょの意義を知り，支援員が「寄り添い」つつ，「仲間の背中を押すことのタイミング」の大切さにも触れ，仲間からは「素敵な女性になりたい」ということばを引き出している．

集団の大切さは，入所施設で，7人の女性がユニットで食事をしたりいっしょに生活を分かち合う中で，入所当初落ち着けなかった女性が立ち直っていった（別の年度）実践報告にもみられ，その中で彼女から次のようなことばが出ている．

「わたしも年とったからね」．

このことばは，すごい．「自分」をおとなとして「同一視」できて出てくることばである．自己を「同一視」すると同時に，集団形成に「参加」しつつ，次の「お母さんへ」の手紙が語るように，エリクソンがいう「世代性」に気づいていく．親がいて自分がある，そして後にくる小さな子どもたちがいる．彼らは，こうして，おとならしい「おとな」になり，「おちついてくる」．そして後に紹介するように，「いもの子」の仲間は，「愛すること」や「社会へ」意識を広げていく．多くの困難と自ら混乱に落ち込みつつも，支援のもと，結局彼らは，自ら立ち直り，「おとな」になっていく．彼らの「おとなとしての発達」がここにある．

お母さんへ

次の2011（平成23）年度に報告された書くことができる女性が母に寄せた手紙も多くを語っている．

いつもおいしいお弁当を作ってくれてありがとう

いつも優しくしてくれてありがとう
これからは，食器洗いをします．お風呂掃除もします．
まだ子どもだけどよろしくね

他の人たちからも「みんなといっしょにお酒が飲みたい」，「○○
さんどうしたの？　大丈夫？」，1人の男性からは「(クリスマスの
司会に際し)今は自分よりも仲間のことを優先したいんです」とい
う発言も出てきている（同2011年度）．これらは，仲間たちが，労
働と生活集団を通して「自分」を意識できるようになっていく事実
と，集団形成に自分から参加していこうとする姿勢を表している．

結婚を夢に，恋心を抱く彼ら

　応能負担を応益負担に切り替える福祉の大転換を打ち出した障害
者自立支援法が制度化された時，「いもの子」の何人かの仲間が市
役所の説明を聞きに行った．
　私も学ぶために行った．市の説明のあと，仲間からの質問となっ
た．
　質問というより，むしろねがいともいえる訴えが多かった．
「1人でスーパー行きたいんですけど」
「お友だちと○○したい」が多かったと記憶している．「わたし，
結婚したいんですけど」という質問も確かにあった．

社会に心を向ける

　あるグループホームにいつもみんなにけむたがられ，いやがられ
ている青年がいた．障害をもつ仲間たちも，私たちも仲間を得て，
むしろ仲間の構成員となって関わりつつ生きている．そのグループ
ホームに暮らす1人がグループホームを出ることになった．それを
知ったその青年が別れを惜しみ，大泣きに泣いたという．仲間との
会話もない彼が，実はここまでともに過ごす仲間のことを考えてい
た．孤独のようでいて友を意識し，関係を求めているのだ．一人ぼっ

ちの障害者はいない．そうした例として，これまでこの青年のこと
を話してきた．

　しかし最近，この青年の気持ちの本音の部分は違うのでは，と思
うようになった．障害が重いとか軽いとかに関係なく心は社会とつ
ながり，「一歩前に」と社会をみつめている．仲間と語り合うこと
なく，しかし作業所で仲間と労働を分かち，グループホームに戻る
という生活をしているこの青年の心も当然，社会に向いている．も
とより作業所やグループホームを欠くことのできない場としてその
意義を共有しつつ，実際に社会に出ることが，みんなに共通のねが
いとして心に置かれているとすれば，だから同僚がグループホーム
から社会に出ることに涙を流したのだ．今は語ることのできない彼
から本音の部分を聴くことができないが，認知力，表現手段が乏し
い人たちだからこそ，私たちは，このような心の読み取りを忘れて
いたのかもしれない．最近，そう思うようになった．

国会へ

　私には障害児者問題を通して中国やアメリカ，ときにイギリスと
の交流が比較的多い．

　日中の自閉症協会の交流協定を結んだ時，北京自閉症協会会長等，
中国各地から5～6人が，日本自閉症協会の石井哲夫と私を訪ねて
きたことがある．埼玉に到着するのが遅れ，「いもの子」に着いた
時は仲間1人と支援員1人が残って待っているだけだった．他は国
会に行っているという．彼らとは長い付き合いだから知っている．
「楽しいから」ではない．国の施策がおかしいと感じるから行った
のだ．障害者自立支援法のもと支払われる支援費が月額制から日額
制に変わった．日曜に出勤した利用者から，「おれたちが出勤して
いるのに，なぜ職員は休んでいるんだ」と批判が出たと支援員が話
してくれた．これを他県の講演で話したら，特別支援学校の高等部
生ぐらいになると社会の矛盾を感じとり批判する力がみられるとい
う．

夢と愛を語り，アメリカや中国の人たちと対等に関わり，そして世界に心を

　日本学術研究振興団体の援助でアメリカから障害者に関わる女性史の研究者であるスミス氏と中国で初めて民間の障害児者施設をつくった孟氏を招聘し，「いもの子」の仲間に「アメリカの障害者は，中国の障害者はどう暮らしているか」について，写真等を使いながら話していただいた．下の写真は，その時のものである．お2人ともご夫人同伴だった．

　仲間たちからの質問に入った（J．デイヴィッド・スミス[西村監訳]『福祉が人を弄んだとき』ミネルヴァ書房，2006 の監訳者あとがきから）．
　「スミスさんは奥さんを愛していますか？」そして，「ふたりは一緒に寝ますか？」など，明るい話題が広がった．
　「孟さんは，奥さんとキスをしますか？」（上記訳本は，スミス氏のものなので「あとがき」には出てこないが事実だ．）スミスは，上記著書の中で，こう述べている．おとなになると，「人を思いやる

終章　仲間たちが教えてくれたこと　235

心を身につけていく.」そして,「他者を育むことから得る素朴な喜びは,自分に報酬がくる喜びよりも大きいこと」を知り,実行していく.

「いもの子」から,障害の状態が重かろうと,彼らが繊細で豊かな心をもち,人との関係に参加し,心に夢を抱き,恋心を抱き,浮き沈みを繰り返しつつも,その人生において,自分が自分自身であることに気づき,仲間の大切さを学び,親がいて自分がいて小さな子どもたちがいることを知り,「おちついてきて」,おとなになっていくことを学ばされる.

「マニュアル人間」からの脱皮である.脱皮は,人生を怒涛のごとき困難にさらされつつも,また,いまだ多くの課題を残しつつも,与えられた受身の集団でなく,一人ひとりが主人公となれる集団の中に,ともに生きる支援員の仲間たちの心の読み取りにある.

（西村　章次）

資料 「いもの子」年表＜1986（昭和61）年～2017（平成29）年＞

	年		「いもの子」の動き	チャリティ・コンサート
第1期　学校卒業後の行き場保障と小規模作業所設立期	1986	2月	川越いもの子作業所をつくる会発足	
	1987	4月	無認可障害者小規模作業所「川越いもの子作業所」川越市下松原に開所・木工作業を開始 「川越いもの子作業所をささえる会」に名称変更	
		11月	廃品回収，缶プレス作業開始・第1回チャリティーバザー開催	
	1988	4月	東田町の市有地に移転	上條　恒彦
		7月	第1回チャリティーコンサート	
	1989	9月	建設候補地決定．国に認可施設建設申請書提出	小室　等
		11月	反対運動起こる	
	1990	2月	住民の同意得られず，建設候補地断念	ダ・カーポ
		7月	笠幡に建設地決定．認可の内示おりる	
		9月	「3千円1万人運動」開始	
第2期　法人及び知的障害者通所授産施設設立期	1991	3月	社会福祉法人「皆の郷」認可	上條　恒彦
		6月	「川越いもの子作業所」笠幡に開所 「デイケアいもの子」継続	
		9月	重度重複加算の創設・送迎費の補助・施設建設に対して土地の確保と建設費の補助の請願運動（1992年4月請願運動による制度化）	
	1992			イルカ
	1993	12月	公園清掃（官公需）始まる	芹　洋子
	1994	4月	第2施設構想始まる	南こうせつ
		7月	第2川越いもの子作業所の建設地今成に決定	

ささえる 会員数	利用者数	国・県の動き	川越市の動き
44 人	6 人	障害基礎年金制度の創設 「社会福祉士及び介護福祉士法」制定 社会福祉事業法改正	福祉環境整備要綱制定
46 人			
35 人※1	16 人	消費税導入 知的障害者のグループホーム（地域生活援助事業）創設 厚生, 大蔵, 自治の3大臣合意による「高齢者保健福祉推進10か年戦略（ゴールドプラン）」を策定	
33 人	21 人	福祉8法改正	
	40 人		
40 人		障害者雇用促進法改定	川越市社会福祉施設等施整備費市費補助金制度化（建設費補助等） 川越市障害者通所更正施設等重度加算等補助金制度化（重度重複加算等）
	49 人	総理府障害者対策推進本部「障害者対策に関する新長期計画」 厚生省知的障害者施設入所者の地域生活移行の推進について通知 「障害者基本法」成立 「アジア太平洋障害者の十年」スタート	川越市長が川合喜一氏から舟橋功一氏に
51 人	49 人		

	年	「いもの子」の動き	チャリティ・コンサート
	1995	4月　住民説明会同意得る（同年5月認可の内示おりる） 9月　「3千円1万人運動」開始（1997年3月目標達成）	森山　良子
第3期　労働種目の開拓と重症心身障害者通園事業の創設	1996		五輪　真弓 小椋　佳
	1997	4月　「第2川越いもの子作業所」開所	ザ・ワイルド　ワンズ
	1998	11月　第2川越いもの子作業所「作業棟」建設（日本自転車振興会助成）	武田　鉄矢
	1999	10月　重症心身障害者通園事業開設	安田　祥子 由紀さおり
	2000	4月　グループホーム「ほくほくハウス」的場に開所	タケカワ　ユキヒデ
第4期　生活相談及び支援事業の整備　グループホームの整備	2001	5月　第2ほくほくハウス鯨井に開所	稲垣　潤一
	2002	7月　知的障害者生活支援事業開設 8月　第3ほくほくハウス霞ヶ関に開所	THE BOOM
	2003	4月　障害者生活支援センター「のびらか」第2川越いもの子作業所内に開所（無認可）「第2デイケアいもの子」寿町に開所 9月　「第4ほくほくハウス」霞ヶ関に開所	ル・クプル
	2004		岩崎　宏実
	2005	4月　「第5ほくほくハウス」霞ヶ関に開所 5月　障害者生活支援センター「のびらか」角栄商店街に開所　入所施設の準備始まる	中島　啓江
第5期　入所施設設立重度障害者の暮らしの場整備	2006	10月　入所支援施設住民同意得る．国の建設許可おりる	サーカス
	2007		イルカ
	2008	7月　多機能型障害者支援施設「川越いもの子作業所」開所 川越いもの子作業所開所にともない第2ほくほくハウスの入所者が第4ほくほくハウスに移り，第2ほくほくハウスを廃止	太田　裕美 たかはし　べん

ささえる会員数	利用者数	国・県の動き	川越市の動き
50人	49人	「障害者プラン～ノーマライゼーション7か年戦略～」策定 総理府市町村障害者計画策定指針策定	川越市総合福祉センター・オアシス開所
54人	49人		
64人		「介護保険法」公布（2000年施行）健康保険法改正	
67人	79人	中央社会福祉審議会社会福祉構造改革分科会「基礎構造改革（中間まとめ）を発表 衆院本会議「精神薄弱」の用語を「知的障害」に改める法案を可決（9.18参院可決99.4.1施行）	
72人	79人	成年後見制度改正	
77人	79人	社会福祉事業法等改定公布施行（社会福祉法）措置から契約へ 介護保険法施行 年金制度改正　給付と負担の見直し	「川越市障害者計画」策定
82人	79人	老人保健法改正～定率1割負担制導入	
83人	79人	「障害者基本計画」「重点施策実施5か年計画8新障害者プラン）」策定 措置制度から支援費制度へ新障害者プラン	
110人※2		3月「埼玉県地域福祉支援計画」を策定	
98人※3	108人	2月10日　障害者自立支援法案国会に提出 8月8日　一旦廃案になる 8月31日　特別国会で障害者自立支援法成立	
114人	114人	障害者自立支援法施行	「第二次川越市障害者計画」策定 「川越市障害福祉計画」策定
114人	118人	障害者施策における「重点施策実施5か年計画」策定	
113人	118人	10月31日　自立支援法訴訟全国一斉提訴	

	年	「いもの子」の動き	チャリティ・コンサート
	2009	4月　第3川越いもの子作業所開所（デイケアいもの子・第2デイケアいもの子から移行） のびらか「障害（児）者生活サポート事業」開始 川越市障害者相談支援センターが連雀町に開設し「のびらか」も所属する いもの子製麺開所	アグネス・チャン
	2010	4月　ComCom廃止に伴い，第2ほくほくハウス再開	松崎しげる
第6期　地域の中で暮らし続けるための資源の検討	2011		上條　恒彦
	2012		クミコ
	2013	4月　「障害者生活支援センターのびらか」が「障害者相談支援センターのびらか」と「障害者地域生活支援センターほがらか」に名称変更 6月　第6ほくほくハウス開所 10月　いもの子製麺元町店開店	岡村　孝子
	2014		宇崎　竜童
	2015	4月　カフェ＆ベーカリーどんなときも開所	夏川　りみ
第7期　障害の重い人たちが働き暮らす地域生活拠点づくり	2016	4月　第7ほくほくハウス開所	研　ナオコ
	2017	4月　第7期将来構想の実施	華原　朋美

ささえる 会員数	利用者数	国・県の動き	川越市の動き
130 人	141 人	4月1日 自立支援法訴訟第2次一斉提訴 10月1日 自立支援法訴訟第3次一斉提訴	「第二期川越市障害福祉計画」策定 川越市長が舟橋功一氏から川合善明氏に
141 人	147 人	1月7日 自立支援法訴訟基本合意文書調印	
166 人		7月29日 改正障害者基本法成立 8月5日 一部を除き施行	
176 人	169 人	10月1日 障害者虐待防止法施行	川越市障害者支援計画 (平成24~26年度)策定
181 人	187 人	4月1日 障害者総合支援法施行	
195 人	198 人	1月20日 障害者の権利に関する条約批准書を寄託	
210 人	210 人		川越市障害者支援計画 (平成27年度~29年度)策定 川越市民会館大ホール閉館ウエスタ川越開館
226 人	226 人	4月1日 障害者差別解消法施行	
230 人	230 人		

※1（肢体重複高等部のお母さんたちが他の進路を探し始めた）
※2（肢体重複の在校生が増えた）
※3（肢体重複の在校生が減った）

作成 中西 猛

結び

　現在，社会福祉法人皆の郷には，入所施設1か所，通所施設7か所，グループホーム7か所があり，230人（2017年4月）の障害のある仲間が利用しています．

　また，地域で暮らす障害者の生活を支えるための事業として，障害者相談支援センターのびらかと障害者地域生活支援センターほがらかがあり，相談事業やヘルパーを派遣する事業等で障害者の生活支援事業を展開しております．

　施設で働く仲間の労働の質も次第に向上して，今ではどこに出しても通用する立派な商品として，せんべいや木工製品等を生産して販売しています．

　2015（平成27）年には，川越駅西口の公共ビルウエスタ川越に「カフェ＆ベーカリーどんなときも」をオープンさせました．製麺事業は，製造するだけでなく，移動販売車による販売が始まり，うどん店の出店構想も進んでいます．

　このたった30年間の間に，これほどまでに発展・充実してこれたのにはそれなりの大きな理由があったはずです．それらを明らかにして，みんなで確認した上で，今後の将来構想をしっかりと打ち立てることが，今私たちに課せられた重要な課題ではないでしょうか．

　いもの子作業所が誕生する頃の川越市内の状況を見てみると，障害児教育は一部の例外を除いてほぼ完成期を迎えつつあった時期

で，卒業する障害者が少しずつ目立ち始めていました．

　また，障害児保育は黎明期で関係者の強い運動のあった場合に限り入園が認められていた状況でした．ましてや，やっと卒業を迎えた障害者が，社会に出て働くことなど夢のような情勢でした．

　この厳しい中で，心ある父母が数名，「18歳の春を泣かせたくない！」とわが子の働く場づくりの願いを掲げて，それを周囲に働きかけ始めました．

　それが，「障害者の生活と権利を守る川越市民の会」（以下，川越市民の会）の運動と結びついて，運動の規模と裾野が急速に広がり，行政を巻き込んで施設の建設へと発展していきました．

　「川越市民の会」は，それより15年前に発足しており，すでに住みよい街づくり運動や障害児の就学運動，障害児学童保育運動，障害児保育運動，障害者水泳教室，障害者夏の合宿，冬には障害者雪遊び，ハイキング・花見の会等々の文化やスポーツの保障の活動も手広く進めていました．

　これらの取り組みを支えるために，近隣の大学から常に数十人の学生がボランティアとして協力してくれたり，当時の盲学校や川越養護学校等の障害児学校の教職員分会から派遣されてきた先生がまとめ役となって運動や行事を動かしてくれました．

　学生ボランティアの中には大学を卒業したのちに，社会人になってから仕事として障害者福祉に参加してくれたり，障害児学校の教員になったりと，さらなる羽ばたきを見せてくれた人も多数あり，私たちを喜ばせてくれました．

　さまざまな障害者運動を続ける中で，市内の歩道の段差の解消や点字ブロックの敷設，オアシスの建設運動等々の成果を収めてきました．

　初期の施設づくりの運動では，私たちはたびたび川越市との交渉を重ねて，今の第3川越いもの子作業所のある東田町の川越警察署長の空き官舎をお借りすることができたり，川越いもの子作業所建

設のための用地を無償で貸与していただくこともできました.

しかし，この間に地域住民の反対運動が続き，何度悲しい涙や悔し涙を流したことかわかりませんでした．その中でも救いはいくつかありました.

反対運動の中心になっていた住民の家族の中で，ある高校3年生の息子が，「このお金は僕が夏休みのアルバイトでためた金です．僕は親たちのしていることには反対です．建設資金の一部に使ってください」と恥ずかしそうに3万円を届けてくれたこと.

冬の冷たいみぞれ交じりの雨が降る中を，川越市の福祉部長さんが1人で傘をさして建設に反対している家を，1軒1軒説得に回っていたことを，偶然通りかかったある親の話で知り，心が震えるほどの感動を覚えたこともありました.

これらの重い歴史を積み重ねながらいもの子作業所の今があるのです.

現在では，市内には50か所以上の障害者施設があり，障害者とその家族は，ある程度の選択の自由すらもてる状況にまで進んできました.

私たちが続けてきた運動は，ただ単にいもの子作業所の発展だけをもたらしてきたわけではありません．むしろ道なきところに道をつけて，さらにそれを舗装してきたのです．つまりは制度を築き上げてきたパイオニアとして，大きな役割を果たしてきたのです.

これほどまでの大きな偉業を成し遂げられた原動力はいったいどこに潜んでいたのでしょうか.

それは，1つには当事者として運動を先頭に立ち進めてきた「障害者の生活と権利を守る川越市民の会」の障害者運動があり，2つには「ささえる会」の父母のわが子に対する熱い願いを叶えようとする粘り強い運動があったればこその成果です．また，献身的な実践を重ね続けてきた施設職員のたゆまぬ努力と仲間に関わって彼ら

を豊かに変えてきた実践の成果があり，これら3つがうまく結びついて大きな成果となって花開いたものでしょう．

30周年を迎えるにあたって，今後何をめざして進めばいいのかしっかりと見据えて立案する時です．
仲間一人ひとりの願いや夢が叶えられて，安心して心豊かに暮らしていけるためには，決して十分に発展したとは言い切れません．
・仲間が自分の障害や希望に合った仕事を思い切りやれているだろうか？
・夜自分の好みや体調に合ったのんびりと健やかな暮らしになっているだろうか？
・日祭日に，充実した余暇活動がもてているだろうか？
・親亡き後に自分のお金は足りているだろうか？
・もしも病気になってしまったら，安心して療養できるだろうか？
まだまだ不安はいっぱいです．

一人ひとりの仲間の立場に立って暮らしを振り返ってみると，決して満たされた状況にまで発展してはいません．
健常者との間には，いまだに大きな隔たりが残っています．
私たちが願う将来像は，たとえ障害があっても，健常者となんら変わらぬ暮らしをもてることです．
次に迎える4半世紀の中では，障害のある仲間一人ひとりの人生が真に満足できるものとなるように，それをどう実現させていけるか，多くの関係者で知恵と力を出し合って探っていこうではありませんか．
頭を上げて，しっかりと前を見据えて，胸を張って，さあ再出発の時です．
新たなる歴史を刻むために！

（大平　義次）

いもの子 30 周年記念出版編集委員会

大畠　宗宏　　　金澤　昌敏　　　中西　猛

[執筆者一覧]（掲載順）

金澤　昌敏（第２川越いもの子作業所）

藤井　克徳（きょうされん専務理事）

大畠　宗宏（川越いもの子作業所）

町田　初枝（社会福祉法人皆の郷理事長）

小倉　　崇（第２川越いもの子作業所）

大場　博美（障害者地域生活支援センターほがらか）

杉田　俊治（第３川越いもの子作業所）

中村　良子（障害者地域生活支援センターほがらか）

山田　英紀（障害者相談支援センターのびらか）

上野　貴史（第２川越いもの子作業所）

武藤　寛史（障害者地域生活支援センターほがらか）

佐藤　祐一（第２川越いもの子作業所）

有坂記代子（第２川越いもの子作業所）

佐々木弥生（元第２川越いもの子作業所）

毛塚　隼人（川越いもの子作業所）

佐々木　良（川越いもの子作業所）

青木　安雄（皆の郷をささえる会）

青木シヅ子（皆の郷をささえる会）

小林　規子（皆の郷をささえる会）

鹿島　糸子（皆の郷をささえる会）

蟻塚　芳美（皆の郷をささえる会）

内藤　佳子（皆の郷をささえる会）

湯浅　俊二（第３川越いもの子作業所, カフェ＆ベーカリーどんなときも）

西村　章次（皆の郷元理事, 埼玉大学名誉教授・博士「教育学」）

中西　　猛（川越いもの子作業所）

大平　義次（皆の郷理事, 障害者の生活と権利を守る川越市民の会会長）

視覚障害などの理由から本書をお読みになれない方を対象に，テキストの電子データを提供いたします．ただし，発行日から3年間に限らせていただきます．

　ご希望の方は，①　本書にあるテキストデータ引換券（コピー不可），②本頁コピー，③　200円切手を同封し，お送り先の郵便番号，ご住所，お名前をご明記の上，下記までお申し込みください．

　なお，第三者への貸与，配信，ネット上での公開などは著作権法で禁止されております．

　　　　　〒337‐0026　さいたま市見沼区染谷1177‐4　やどかり出版編集部

川越ここが私の街

障害の重い仲間の働く，暮らすから見えてきたもの

2017年11月15日　　発行

編　集　いもの子30周年記念出版編集委員会
発行所　やどかり出版　代表　増田　一世
　　　　〒337‐0026　さいたま市見沼区染谷1177‐4
　　　　Tel　048‐680‐1891　Fax　048‐680‐1894
　　　　E‐Mail book@yadokarinosato.org
　　　　http://www.yadokarinosato.org/book/
印　刷　やどかり印刷

ISBN978-4-904185-40-7